ESSAI

SUR

L'HISTOIRE ET SUR L'ÉTAT ACTUEL

DE

L'INSTRUCTION PUBLIQUE

EN FRANCE.

IMPRIMERIE DE FAIN,

RUE DE RACINE, N°. 4, PLACE DE L'ODÉON.

ESSAI

SUR

L'HISTOIRE ET SUR L'ÉTAT ACTUEL

DE

L'INSTRUCTION PUBLIQUE

EN FRANCE,

Par F. GUIZOT,

MAITRE DES REQUÊTES AU CONSEIL D'ÉTAT, ET PROFESSEUR
D'HISTOIRE MODERNE A L'ACADÉMIE DE PARIS.

A PARIS;

Chez MARADAN, Libraire, rue Guénégaud, n°. 9.

1816.

ESSAI

SUR

L'HISTOIRE ET SUR L'ÉTAT ACTUEL

DE

L'INSTRUCTION PUBLIQUE

EN FRANCE.

CHAPITRE PREMIER.

De l'objet des Établissemens d'Éducation et d'Instruction publiques.

L'ÉTAT donne l'éducation et l'instruction à ceux qui n'en recevraient point sans lui, et se charge de les procurer à ceux qui voudront les recevoir de lui. Tel est l'objet de tous les établissemens d'instruction publique.

Il n'est aucune situation, aucune profession qui n'exigent certaines connaissances sans lesquelles l'homme ne saurait travailler avec fruit ni pour la société, ni pour lui-même.

Il y a donc un certain genre d'éducation et un certain degré d'instruction dont tous les sujets de l'État ont besoin.

C'est ce qu'on appelle l'*instruction primaire*. Elle doit comprendre les préceptes de la religion et de la morale, les devoirs généraux des hommes en société, et ces connaissances élémentaires qui sont devenues utiles et presque nécessaires dans toutes les conditions, autant pour l'intérêt de l'État que pour celui des individus.

Il est de même une certaine instruction dont ne sauraient se passer les hommes qui sont destinés à avoir du loisir et de l'aisance, ou qui embrassent des professions libres d'un ordre plus relevé, telles que le commerce, les lettres, etc. Depuis que les lumières se sont répandues, elles doivent nécessairement accompagner la supériorité du rang ou de la fortune. Sans elles, cette supériorité seroit méconnue, et n'obtiendrait aucun crédit. Puisque la science est devenue une véritable force, elle est indispensable à tous ceux que leur situation oblige ou appelle à exercer quelque influence sur les autres hommes, sous peine de tomber à un rang inférieur.

C'est là l'objet de l'*instruction secondaire*, on étendue varie nécessairement selon les progrès de la richesse publique et de la civilisation; elle comprend tout ce qu'on a besoin de savoir pour être ce qu'on appelle *un homme bien élevé*, c'est-à-dire, dans l'état actuel de la société et des lumières, les principes de la raison et du goût, la connaissance des langues savantes qui nous en ont conservé les vrais modèles, l'histoire, la littérature nationale, et les élémens des sciences exactes et naturelles.

Enfin, le troisième degré d'instruction est *l'instruction spéciale*, qui se diversifie selon les différentes professions, et dont l'objet est de faire approfondir aux jeunes gens qui les embrassent, toutes les études qui s'y rapportent. Ainsi se forment des ministres de la religion capables de la propager et de la défendre; des militaires en état d'appliquer, dans l'intérêt de la patrie, ces connaissances qu'exige aujourd'hui la guerre de terre et de mer; des administrateurs instruits de tout ce qui fonde la prospérité intérieure et extérieure des peuples; des magistrats versés dans la science comme dans les principes des lois, et propres à en diriger l'application; des médecins habiles à employer au profit de la santé publique et du soulagement des infirmités humaines, toutes les ressources des sciences physiques. Ainsi se développent enfin ces génies supérieurs qui

étendent le domaine de l'intelligence, dévoi-
lent les secrets de la nature, retrouvent dans les
monumens antiques les traces des événemens
passés, fondent sur l'observation de l'homme
l'art si difficile de le gouverner, et accroissent
la gloire et la puissance de leur patrie en lui
léguant leurs travaux et leur nom.

Il suffit de jeter un coup d'œil sur l'histoire
des peuples pour se convaincre que ces trois
degrés d'instruction sont indispensables, et que
de leur bonté relative, de leur sage distribution, dépendent, jusqu'à un certain point,
non-seulement le bien-être des sujets, l'éclat
et la prospérité d'un empire, mais encore son
repos intérieur et sa durée.

L'*instruction primaire* procure aux classes
inférieures de la société les moyens d'étendre
leur industrie, d'améliorer leur sort et d'ouvrir
ainsi, au profit de l'État, de nouvelles sources
de richesse. Sa nécessité se fonde sur des considérations plus importantes encore. S'il était
possible de condamner le peuple à une ignorance irrévocable, quelque injuste que fût une
telle interdiction, on concevrait que les classes
supérieures, dans l'espoir d'assurer leur empire, essayassent de la prononcer et de la maintenir. Mais la Providence n'a pas permis que
cette injustice fût possible ; et elle y a attaché

de tels dangers, que l'intérêt, d'accord avec le
devoir, défend aux gouvernemens de la com-
mettre. Les faits parlent ici un langage clair et
impérieux; l'ignorance rend le peuple turbu-
lent et féroce; elle en fait un instrument à la
disposition des factieux, et partout se trouvent
ou surviennent des factieux empressés à se servir de cet instrument terrible. Moins la multitude est éclairée, plus l'erreur et la séduction
ont d'empire sur elle. Comme rien ne saurait
éteindre en elle le besoin de savoir et l'espérance d'améliorer par-là sa situation, ce besoin
contrarié et cette espérance déçue se chan-
gent en une inquiétude et en une irritation
toujours croissantes. Si le cours des événemens
ou les passions des hommes amènent quelque
agitation dans la société, les idées fausses et les
connaissances imparfaites que le peuple a acquises, en dépit de tous les obstacles, deviennent
de nouvelles causes de désordre, et alimentent,
propagent, rendent plus funeste la fermenta-
tion naissante. Alors se manifestent, dans les
classes inférieures, ce dégoût de leur situation,
cette soif de changement, cette avidité déréglée
que rien ne peut plus ni contenir ni satisfaire.
Si les gouvernemens reconnaissent leur erreur,
il est trop tard pour la réparer; s'ils y persis-
tent, ils ne font qu'accroître l'étendue et ré-

doubler l'intensité du mal qui en a déjà été la suite.

Quand l'histoire toute entière ne serait pas là pour démontrer ce que nous venons d'établir notre déplorable révolution suffirait pour nous en convaincre.

L'instruction secondaire n'est pas d'une moindre importance. Sa nécessité est reconnue, parce que les hommes qui pourraient en contester les avantages l'ont reçue et en recueillent les fruits ; mais sa mauvaise nature et son imprudente distribution peuvent avoir et ont eu en effet des conséquences funestes. Trop légère et trop peu appropriée à l'état de la nation ou aux besoins du temps, elle exalte l'imagination des jeunes gens, fait naître dans leur esprit une foule d'idées fausses, et les prépare mal au monde dans lequel ils doivent vivre, ou aux diverses carrières qu'ils peuvent embrasser. Elle éveille l'activité de leur intelligence sans la régler, et les livre ainsi, presque sans défense, aux sophismes de tout genre contre lesquels elle devrait les prémunir. Distribuée avec trop de profusion et trop peu de discernement, elle inspire aux jeunes gens des classes inférieures le mépris de leurs pareils et le dégoût de leur état, en leur procurant une sorte de supériorité trompeuse, qui ne leur

permet plus de se contenter d'une existence
laborieuse et obscure, et qui ne leur donne cependant pas cette supériorité réelle et forte que
peu d'hommes ont reçue de la nature, et
qu'aucune éducation ne saurait faire acquérir.
Elle peuple ainsi la société d'une multitude de
membres inutiles qui y portent l'esprit d'insubordination, le désir du changement, et une
ambition inquiète et vague que ne peut satisfaire une situation toujours incertaine, et qui
s'agite en tous sens pour acquérir, soit de l'aisance, soit de l'autorité.

L'instruction spéciale elle-même, quoique
plus limitée dans son objet, et plus nécessairement assujétie à une marche uniforme, peut,
si elle ne repose sur des institutions grandes et
fortes, donner lieu à de graves inconvéniens.
Sans parler des mauvaises doctrines qui peuvent aisément s'y glisser, si elle est conçue d'a-
près des vues étroites, si elle se borne aux connaissances spéciales qui se rattachent immédiatement à chaque étude, si elle demeure étrangère aux grands rapports qui unissent toutes
les sciences humaines, et aux principes généraux qui leur sont communs, si elle ne donne
à l'esprit des jeunes gens qu'un développement
partiel et exclusif, elle ne formera que des
hommes incomplets et accessibles à une multi-

tude de préjugés, parce que leurs idées seront
sans étendue. Éclairés seulement sur un point,
et du reste aussi ignorans que les autres hommes, leur science ne sera pour eux qu'une
source d'opiniâtreté et souvent une cause d'erreur. Plus les fonctions auxquelles elle les fera
appeler seront élevées, plus ils seront exposés
à trahir leur insuffisance; et la société ne re-
tirera point des établissemens consacrés à l'instruction spéciale tous les avantages qu'elle
avait droit d'en attendre, et dont elle a besoin.

Ces indications suffisent, sans doute, pour
faire sentir la nécessité des divers degrés
d'instruction que nous venons de classer,
l'importance des institutions qui y sont consacrées, et tous les dangers qu'entraînerait inévitablement la conception défectueuse ou la
combinaison imprudente, tant des principes
sur lesquels ces institutions doivent reposer,
que des règles d'après lesquelles ces principes
doivent être adaptés à l'état du gouvernement,
des lumières et des mœurs.

Mais ce n'est là qu'une partie de la tâche que
les institutions de ce genre ont à remplir; elles
ont pour but, non-seulement d'instruire les
jeunes gens, mais encore de les former, d'en
faire des hommes tels que l'État en a besoin

pour sa stabilité et pour son bonheur. L'*édu-*
cation, en général, n'est pas moins importante
que l'*instruction*, et peut-être même le gouvernement doit-il exercer, sous ce rapport,
une action plus directe et une surveillance plus
exacte. S'il est vrai que l'attachement des citoyens aux lois fondamentales de l'État et au
souverain qui en est le chef, soit la puissance
la plus énergique et le boulevart le plus sûr de
la société, s'il est vrai que là où ce sentiment
a existé, il ait produit des miracles, et que son
absence ait entraîné les plus grands maux, il
est du devoir comme de l'intérêt du gouvernement d'en favoriser et en diriger le développement. Or, ce sentiment ne peut naître
que de la concordance des doctrines publiques et des habitudes nationales avec
les institutions politiques, la nature et les
principes du gouvernement. Nous savons trop
quel est le pouvoir des doctrines quand elles
tendent à détruire; apprenons de là à connaître et à employer le pouvoir qu'elles ont aussi,
sans doute, pour défendre et pour conserver.
Quand les hommes ont appris dès l'enfance à
comprendre les lois fondamentales de la patrie et à respecter son souverain, le souverain
et les lois deviennent pour eux une sorte de
propriété qui leur est chère, et ils ne se refu-

sent point aux obligations qu'elle leur impose :
quand le gouvernement a pris soin de propager, à la faveur de l'éducation nationale, sous
les rapports de la religion, de la morale, de la
politique, etc., les doctrines qui conviennent
à sa nature et à sa direction, ces doctrines ac-
quièrent bientôt une puissance contre laquelle
viennent échouer les écarts de la liberté d'esprit et toutes les tentatives séditieuses. Ainsi
se forme l'esprit public, ainsi s'entretient un
véritable patriotisme, ainsi se fortifient et se
consolident les sociétés et les trônes. C'est surtout après des temps de désordre et de révolu-
lution qu'il est indispensable de rendre à un
peuple des doctrines publiques, et de rétablir
leur empire. A de telles époques, la multipli-
cité et les vicissitudes des événemens, l'esprit
de parti et la diversité des intérêts jettent, dans
les opinions et dans les sentimens qui influent
le plus sur la stabilité de l'ordre social, une in-
certitude et une incohérence qui perpétuent
l'agitation, et empêchent l'État de se rasseoir
sur de solides fondemens. Que l'éducation nationale s'applique alors à maintenir et à répandre des doctrines adaptées aux institutions
et aux mœurs; que ces doctrines forment une
sorte d'atmosphère morale, au sein de laquelle
vivent et s'élèvent les générations naissantes;

et bientôt les esprits cesseront d'errer au hasard ; bientôt s'établira, soit entre le gouvernement et les citoyens, soit entre les diverses classes de la société, une certaine communauté d'opinions et de sentimens qui deviendra un lien puissant, un gage de repos et un principe d'ordre plus efficace que toutes les prohibitions législatives.

L'éducation et l'instruction, les doctrines et les lumières, tels sont donc les deux grands objets que le gouvernement doit se proposer, quand il se charge d'élever une partie de ses sujets ; tels sont les deux points de vue principaux sous lesquels doivent être considérées les institutions destinées à atteindre ce but.

CHAPITRE II.

Coup d'œil sur l'Histoire de l'Éducation et de l'Instruction publiques, durant le cours de la monarchie française jusqu'à la révolution.

AVANT le douzième siècle, il n'existoit point de grands établissemens d'instruction publique. En vain, quelques papes et quelques souverains d'un génie supérieur s'étoient efforcés d'en encourager la création ; en vain des écoles avaient été établies dans les cloîtres et dans les églises cathédrales ; ces établissemens n'avaient acquis ni célébrité, ni étendue ; la puissance de Charlemagne lui-même n'était pas parvenue à en assurer la durée. Les ecclésiastiques n'ayaient aucun centre d'études commun qui jouît de quelque éclat ; quelques-uns d'entre eux possédaient sans doute des connaissances plus variées que n'exigeait rigoureusement leur ministère ; mais ils réussissaient peu à les répandre ; quelques écoles paroissiales très-obscures, un enseignement religieux fort restreint, et les leçons que donnaient à un petit nombre de disciples quelques maîtres plus connus et plus zélés, c'est là tout ce que l'histoire nous laisse entrevoir dans l'état de barbarie et d'anarchie où était alors la société.

Vers la fin du onzième siècle, le besoin de l'étude, qui s'était formé lentement et en silence, se manifesta avec plus d'énergie. On vit alors des hommes savans enseigner à tous venans, soit chez eux, soit dans les monastères, soit même dans les lieux publics, la théologie, la rhétorique, la logique, la philosophie, l'astrologie, et toutes les sciences qu'ils avaient pu étudier eux-mêmes; les auditeurs venaient de toutes parts pour recevoir leurs leçons; lorsqu'en 1088, Odon d'Orléans commença à enseigner à Tournai : « De nombreuses » bandes de clercs, dit son historien, y accouraient de la Normandie, de la Bourgo » gne, du pays des Saxons et de l'Italie même; » de telle sorte que celui qui, en parcourant » les places publiques, aurait vu tant de groupes » d'étudians disputant entre eux, aurait pu » croire que tous les citoyens avaient aban» donné leurs affaires et leurs travaux pour se » livrer à la philosophie. En approchant du » lieu où se tenait l'école, on apercevait maître » Odon, tantôt se promenant, selon l'usage des » péripatéticiens, suivi des disciples qu'il ins» truisait, tantôt assis à la mode des stoïciens,

» et résolvant les questions qui lui étaient
» proposées. Souvent le soir, il se tenait de-
» vant la porte de l'église, et, là, il dissertait
» bien avant dans la nuit, montrant du doigt
» à ses disciples, le cours des astres, et leur
» expliquant soit le zodiaque, soit la voie lac-
» tée (1). »

On voit, par cette citation, quelles étaient
alors les formes de l'enseignement, et comment
devaient se développer par degrés les maîtres,
les élèves et les écoles. Le savant dont la
réputation s'était étendue, se transportait
de ville en ville, attirant partout à sa suite un
grand nombre d'auditeurs de toute condition
et de tout âge. C'est ainsi qu'Odon, que nous
venons de citer, s'établit successivement à Orléans, à Tulle et à Tournai; qu'Abailard en-
seigna en Bretagne, à Paris, à Mélun, à Cor-
beil, à Nogent; et, lorsque ses disciples ne
pouvaient loger dans la ville, ils dressaient
des tentes au milieu des campagnes pour être
à portée de profiter des leçons d'un tel
maître.

Telle fut l'origine d'un grand nombre d'é-

_____

(1) *Recueil des Historiens des Gaules et de la France,*
tome XIV, page 80.

coles qui ne tardèrent pas à devenir fréquen-
tées et célèbres. Leurs succès dépendaient ex-
clusivement du talent et de la renommée des
maîtres ; le désir de se connaître , et sans
doute de se combattre , engagea les hommes
savans à se réunir dans le même lieu ; les auditeurs s'y réunirent également , et cette réunion, qui prit bientôt plus de fixité et de consistance ; donna naissance aux *universités.*

L'enseignement y fut d'abord complétement
libre ; aucune discipline n'en réglait ni la matière ni les formes ; les maîtres n'avaient aucun
droit sur leurs élèves ; ils n'étaient que des
discoureurs publics qu'on allait entendre , sans
tenir à eux par aucun autre lien que ceux de
l'admiration ou de la reconnaissance. L'autorité ecclésiastique exerçait , il est vrai , sur
les maîtres eux-mêmes et sur les doctrines
qu'ils professaient une certaine surveillance ;
mais le résultat le plus commun de ses cen-
sures était de les obliger à changer de rési-
dence ; sans qu'il s'en suivît une véritable
discipline scholastique et des principes généraux ou des formes régulières d'enseignement.
L'instruction publique était ainsi , comme chez
les Grecs, presque complétement livrée à l'industrie particulière ; et elle s'adressait plutôt

aux jeunes gens et aux hommes faits qu'aux
enfans.

Lorsque ce genre d'enseignement fut devenu
sédentaire ; lorsque le nombre des maîtres et
celui des élèves rassemblés dans le même lieu,
eut pris un grand accroissement, ils sentirent
eux-mêmes la nécessité de s'assujétir à certaines règles, et de s'imposer des obligations
réciproques. Ainsi s'établirent par degrés les
formes et les usages suivis dans les Universités.

Les étudians se classèrent d'abord par *nations*, suivant les pays dont ils étaient origi-
naires, ensuite par *facultés*, d'après les sciences
auxquelles ils s'adonnaient spécialement. Les
maîtres et les élèves, tantôt de concert, tantôt
séparément, réglèrent par des lois leurs relations et leurs devoirs ; les châtimens, les amen-
des ; les rétributions, les grades, les titres, la
juridiction extérieure et intérieure, furent dé-
terminés et modifiés selon les lieux et les époques.

A l'indépendance des individus succéda ainsi
l'indépendance des Universités elles-mêmes, qui
étaient devenues de grandes et puissantes corporations. Leur importance attira bientôt
toute l'attention de l'autorité ecclésiastique, à
laquelle elles n'avaient jamais été complète-

ment étrangères, et celle de l'autorité civile, qui en reconnut les avantages, et sentit la nécessité d'y intervenir. On vit alors les bulles des papes et les ordonnances des rois régler les principales affaires des Universités, les constituer comme de véritables établissemens publics, confirmer ou déterminer leurs priviléges, et leur donner successivement les diverses formes sous lesquelles elles ont subsisté en France jusqu'à la révolution, et qu'elles conservent encore dans plusieurs des États de l'Europe.

L'Université de Paris dut ses statuts fondamentaux et la reconnaissance de tous ses priviléges à Philippe-Auguste, qui ne fit que consacrer par-là des usages déjà anciens. Elle fut, sous les rois suivans, l'objet d'un grand nombre d'ordonnances qui modifièrent ses règlemens ou ses droits selon la législation, les mœurs et les besoins des temps. De la même manière furent constituées successivement les Universités de Montpellier, de Toulouse, d'Orléans, de Perpignan, d'Angers, d'Aix, de Caen, de Bordeaux, de Valence, de Nantes, de Bourges, de Reims, etc.

Ce fut donc en reconnaissant et en constituant les Universités, que l'autorité civile commença à exercer sur l'instruction publique une

certaine influence ; mais cette influence se
borna pendant long-temps à la protection des
corporations universitaires, à la modification
de leurs principaux priviléges ou à la répres-
sion des désordres extérieurs, qui souvent devenaient excessifs. L'autorité ecclésiastique ne
tarda pas à acquérir sur l'enseignement un
pouvoir plus direct; la plupart des jeunes ecclésiastiques se rendaient, il est vrai, dans les
Universités pour y faire leurs études; mais, de
retour dans leurs monastères, leurs cures ou
leurs abbayes, ils y fondaient des écoles, et
se chargeaient ainsi de répandre l'instruction
qu'ils avaient reçue (1). La nature même de
l'enseignement, dans lequel la théologie s'asso-
ciait à presque toutes les études, appelait la
surveillance de l'autorité ecclésiastique, et fa-
vorisait l'extension de son influence. Enfin,
l'agrégation de plusieurs ordres religieux, en
particulier des Dominicains et des Franciscains,

_____

(1) Ainsi le pape Alexandre III fit décréter, en 1179,
par le concile de Latran, que, dans toute église cathé-
drale, et dans les monastères où de pareils établissemens
avaient existé autrefois, on paierait un maître pour instruire non-seulement les ecclésiastiques de l'église ou du
monastère, mais encore tous les enfans pauvres qui se
présenteraient pour recevoir des leçons.

à l'Université de Paris, opérée dans la première moitié du treizième siècle, malgré la résistance de la corporation universitaire, accrut le pouvoir de l'autorité spirituelle sur l'instruction publique, et prépara les voies aux congrégations religieuses.

Déjà s'était élevée, dans le sein des diverses Universités, et surtout dans celle de Paris, une institution qui devait contribuer puissamment à répandre l'instruction publique, et à changer, jusqu'à un certain point, la nature des établissemens qui y étaient consacrés. Cette institution était celle des *colléges*.

Les *colléges* ne furent d'abord que des maisons achetées ou bâties par des fondateurs charitables, pour loger gratuitement un certain nombre d'étudians pauvres qui venaient suivre à Paris les leçons des professeurs de l'Université. Il est probable qu'à l'époque où les étudians étaient divisés, d'après leur origine, en *nations* et en *provinces*, les jeunes gens de la même nation ou de la même province habitaient soit les mêmes quartiers, soit des maisons où ils se réunissaient pour vivre en commun. Le patriotisme et la charité pieuse profitèrent de cet usage, qu'avait introduit la nature des choses, pour offrir aux étudians étrangers ou indigens des asiles où ils trouvaient tantôt le logement

seul, tantôt le logement, la nourriture, et
même l'instruction. A la tête de ces établissemens furent placés des surveillans chargés, soit
de les conduire, soit de maintenir l'ordre parmi les jeunes gens qui y étaient reçus, et qui
de là se rendoient aux cours de l'Université.
Peu à peu s'accrut le nombre des colléges : les
ordres religieux qui avaient été affiliés à l'U-
niversité, en fondèrent, pour y recueillir leurs
novices et tous les ecclésiastiques de l'ordre qui
faisaient leurs études. Les fondateurs et les directeurs des colléges s'aperçurent bientôt de la
difficulté de surveiller efficacement et d'élever
à leur gré des jeunes gens qui étudiaient au-
dehors, et qui conservaient ainsi beaucoup d'indépendance : l'idée d'établir, dans l'intérieur
même de ces maisons, un enseignement régulier en y appelant des maîtres, était simple,
et ne tarda pas à être adoptée. Dès lors le système de l'instruction publique fut complété-
ment changé; les colléges devinrent de véritables établissemens d'éducation et d'instruction
applicables à l'enfance comme à la jeunesse,
et où prévalurent un régime et des méthodes
totalement différens de ce qui était possible
dans l'Université, dont ces établissemens se
rendirent, par degrés, plus ou moins indépendans. L'instruction publique, qui, jusque là,

avait appartenu aux grandes corporations universitaires, passa, du moins en partie, entre
les mains d'une multitude de corporations col-
légiales, qui ne conservèrent avec les Universités que des relations éloignées ou peu importantes, et qui exercèrent d'autant plus d'influence, qu'elles embrassaient l'éducation dans
toute son étendue, depuis l'enfance jusqu'à
l'âge viril, et dans sa partie morale aussi-bien
que sous le rapport de l'enseignement. Des colléges furent fondés dans un grand nombre de
villes; presque tous les ordres religieux eurent
les leurs, et y reçurent tous les enfans que les
parens voulurent y envoyer, à quelque profession que ces enfans fussent destinés. Des bourses y furent créées au profit des enfans pauvres,
et elles se multiplièrent avec une grande rapidité. Ces établissemens n'avaient entre eux aucun lien, et n'étaient ni soumis à une même
surveillance, ni dirigés vers un même but.
Tout y dépendait des règlemens prescrits par
les fondateurs, et des lois qu'y établissait ou de
l'esprit qu'y introduisait la corporation à laquelle en appartenait la direction. Le zèle des
chefs des colléges, la supériorité de la discipline qui y était en vigueur, l'abondance des
ressources que leur offrait la charité des fidèles
et l'esprit du temps, favorable aux institutions

de ce genre, produisirent bientôt de grands effets. Déjà, au commencement du treizième
siècle, l'ordre des Dominicains avait enlevé à
l'Université de Paris la plupart de ses professeurs et de ses élèves; et, en admettant les novices, l'ordre se chargeait de les instruire. On
vit s'élever successivement à Paris, sous diverses formes et dans des intentions différentes, les colléges des Bons-Enfans, de Saint-
Jacques, de la Sorbonne, de Navarre, d'Har-
court, du Plessis, et une infinité d'autres
moins célèbres.

Les conséquences de ce nouvel ordre de
choses ne tardèrent pas à se développer. L'instruction, qui auparavant n'était donnée que
par les Universités, fut distribuée et répan-
due par les colléges avec d'autant plus de succès, que ces nouveaux établissemens offraient
beaucoup plus de facilités à ceux qui voulaient
la recevoir. L'érection de colléges dans la plupart des villes, et la création des bourses, multiplièrent rapidement le nombre des maîtres
et celui des élèves. Les jeunes gens, et surtout
les boursiers, qui étudiaient dans les colléges
tenus par des ordres religieux, entraient ensuite avec avantage dans la carrière ecclésiastique, et travaillaient à leur tour à répandre
l'instruction. D'ailleurs, les colléges n'avaient

point les inconvéniens qui, maintes fois, avaient fait tort aux Universités; ce n'étaient pas des réunions tumultueuses de jeunes gens presque indépendans qui souvent troublaient l'ordre public, se querellaient avec les bourgeois, et commettaient les excès les plus répréhensibles. Une discipline sévère régnait dans ces maisons; les élèves y vivaient renfermés et soumis à une surveillance continuelle; les maîtres exerçaient sur eux une autorité non contestée. Lorsque quelques désordres survenaient dans les colléges, soit par le relâchement de la surveillance, soit à cause de la multitude des élèves externes qui venaient assister aux leçons, ils étaient beaucoup plus faciles à réprimer. Dans des siècles d'indiscipline, et au milieu des troubles qu'entraînait fréquemment la puissance indépendante des corporations civiles, de tels avantages devaient être vivement sentis. Toutes les institutions qui tendaient alors à contenir la licence et à introduire la règle et le calme dans l'état social, étaient conformes aux besoins du temps, et obtenaient l'approbation générale. Répandre l'instruction, maintenir l'ordre, corriger les mœurs, c'était là ce qui paraissait le plus nécessaire et le plus difficile; c'était aussi ce qu'on obtenait plus sûrement et plus

aisément par les colléges que par les Universités,

Mais les institutions humaines, indépendamment des conséquences immédiates qui
en résultent, et qui sont entrées dans l'intention des fondateurs, entraînent une foule de
conséquences éloignées et imprévues dont le
temps seul a le secret. La révolution qu'opéra,
dans le système de l'éducation et de l'instruction publique, la prépondérance des colléges,
ne tarda pas à produire des effets plus graves
encore que ceux qui s'étaient d'abord manifestés. Quelque indépendantes que fussent les
corporations universitaires, elles tenaient à
l'ordre civil; elles avaient, soit avec les parle-
mens, soit avec les autorités municipales, de
fréquentes relations; elles étaient d'ailleurs
peu nombreuses, et, malgré tous leurs priviléges, la puissance royale pouvait exercer, et
exerçait en effet sur elles une influence réelle,
qui devait s'étendre et se consolider de jour
en jour. C'est là ce qui est arrivé dans la plupart des royaumes de l'Allemagne, où les Universités, d'abord presque aussi indépendantes
que l'Université de Paris, sont rentrées peu à
peu sous l'empire de l'autorité souveraine.
Mais l'institution des colléges, et la marche
qu'elle suivit en France, devaient nécessaire-

ment faire prendre aux choses un autre cours.
Fondés, soit par les ordres religieux, soit par
les municipalités, soit par des personnes charitables, ces établissemens devinrent en quelque sorte des propriétés particulières, qui appartenaient à la corporation sous la direction
de laquelle ils étaient placés. Plus ils se multiplièrent, plus ils échappèrent à l'autorité civile
qui, dans l'état où se trouvait alors la société,
n'avait presque aucun moyen de diriger et de
surveiller des maisons entre lesquelles n'existait aucun lien, qui n'étaient ni soumises au
même régime, ni gouvernées par le même
pouvoir, et qu'il était, par conséquent, à peu
près impossible de rattacher à un centre commun. A l'époque du schisme du seizième siècle,
le nombre des congrégations religieuses s'accrut; leur influence augmenta. La société des
Jésuites, en particulier, acquit rapidement une
étendue et un pouvoir immenses : ses succès
excitèrent l'émulation des congrégations sem-
blables; la plupart des colléges déjà existans
furent confiés à leurs soins; elles en fondèrent
de nouveaux : le progrès des études et le besoin
de savoir, qu'avaient ranimé les dissensions de
l'Église, leur fournirent les moyens de les pourvoir de maîtres distingués et d'y attirer de nombreux élèves. Les persécutions qu'essuyèrent à

diverses époques quelques-uns de ces ordres
religieux, et notamment les Jésuites, ne chan-
gèrent point la nature des institutions consacrées à l'éducation et à l'enseignement. Les Universités conservaient encore un certain pouvoir
sur les colléges de la faculté des arts, établis
dans les villes où elles étaient situées : quelques-uns de nos rois, Henri IV surtout, essayè-
rent de faire rentrer l'instruction publique dans
leur domaine, à l'aide de l'empire qu'ils
exerçaient sur les Universités; mais ces tentatives n'eurent guère pour résultat que de
donner à quelques colléges de meilleurs règlemens; et, à dater du seizième siècle, l'instruction publique, toujours considérée, dans le
droit, comme appartenant à l'État, passa presque complétement, dans le fait, entre les mains
des congrégations religieuses qui la dirigèrent,
non d'après l'ensemble des institutions politiques, mais d'après la nature de leurs propres
institutions et selon l'esprit particulier qui les
animait.

C'est en cet état que la révolution a trouvé
l'instruction publique ou plutôt l'*instruction
secondaire* proprement dite; car l'instruction
secondaire était, à vrai dire, la seule qu'on
donnât et qu'on reçût dans les colléges. Les
congrégations religieuses avaient pris part sans

doute aux changemens survenus dans l'état
moral et politique de la société ; elles avaient,
pour s'y accommoder, altéré successivement
leurs principes et leurs méthodes : leur enseignement n'était pas resté complétement étranger à la marche des esprits et des connaissances
humaines. Cependant on est en droit de dire
que l'instruction publique, sans relation et sans
lien, soit avec le gouvernement, soit avec la
nation, n'était point ce qu'auraient exigé les
intérêts de l'un et de l'autre. L'autorité souveraine n'exerçait presque aucune influence sur
les principes de l'éducation, ni sur les objets et
la distribution de l'enseignement. Le respect
de la religion et l'amour du souverain étaient
censés faire partout la base de l'éducation ;
mais ces sentimens n'étaient point fondés sur
des doctrines adaptées aux besoins des temps,
ni sur la connaissance des principes fondamentaux de ces institutions religieuses et politiques
dont ils auraient pu être la sauvegarde et l'appui : là on s'efforçait de soutenir encore ce
qui déjà tombait en ruines ; ici on se permettait de propager les idées qui devaient amener
le renversement de l'état ; partout on négli-
geait d'inculquer profondément dans la raison
des jeunes gens les grands principes propres
à les prémunir contre des théories aussi fausses

que funestes. Les objets même de l'enseignement n'avaient que peu de rapports avec les
connaissances et les idées qu'estimait et que
demandait le monde ; de telle sorte que ces
mots *un savant de collège* qui, dans le seizième
et le dix-septième siècles étaient une dénomi-
nation honorable, étaient devenus des termes
de mépris, et semblaient ne désigner qu'une
science inutile. La folie et les erreurs du siècle
avaient leur part sans doute dans le jugement
qu'on portait ainsi sur l'état de l'instruction
publique ; mais les immenses lacunes et les
nombreux défauts de cette instruction, ouvraient à la folie un vaste champ et lui fournissaient de spécieux prétextes. Enfin, tandis que
les hommes qui, par leur situation dans la société, auraient eu besoin d'une instruction secondaire convenable et forte, ne la recevaient
point dans les colléges, l'instruction imparfaite
qu'on y donnait était distribuée avec profusion,
et à peu près gratuitement, à une foule de jeunes gens de toute condition, qui, à la fin de
leurs études, se trouvaient dégoûtés de l'état
de leurs pères, sans existence dans le monde,
et disposés à saisir toutes les occasions d'en
acquérir une, quoi qu'il dût en coûter à la
société, au sein de laquelle leur place n'était
pas naturellement marquée.

Qu'on n'oublie jamais que c'est dans les établissemens d'instruction publique qui existaient à cette époque, par les hommes qui les dirigeaient, et d'après les méthodes qui y étaient en vigueur, qu'a été formée cette génération imprudente et turbulente, dont les uns ont fait ou approuvé la révolution, et dont les autres n'ont su ni la prévoir, ni la diriger. Ils avaient appris tout ce qu'on y enseignait, et leur science s'est trouvée à la fois dangereuse et inutile. On a vu, aux jours de l'épreuve, que cette instruction, agréable et variée, il est vrai, mais sans profondeur et sans étendue, n'avait point donné à la raison des hommes cette force qui les rend capables de profiter des premières leçons de l'expérience, et de s'arrêter de bonne heure dans la carrière de l'erreur : on a vu combien l'insuffisance des lumières pouvait accroître la légèreté et la présomption de l'esprit ; on a reconnu le vide et l'impropriété, si l'on peut le dire, de ces connaissances si peu en rapport avec les besoins de la société, répandues avec si peu de discernement, et qui mettaient tant d'hommes en état de parler de ce qu'ils ignoraient. L'éducation morale, dans ses relations du moins avec l'ordre politique, n'a été trouvée ni meilleure ni plus efficace. Donnée presque partout

par des corporations à peu près indépendantes, qui ne tenaient à l'État que parce qu'il avait
jadis autorisé leur existence, elle n'avait point
nourri les jeunes gens de doctrines conformes
aux institutions de l'État ; et toutes ces institutions ont été attaquées avec une ignorance,
avec une impétuosité qui n'ont que trop prouvé combien la jeunesse avait peu appris à les
connaître et à les respecter. Quand on se rap-
pelle cette explosion des premières années de
la révolution, qui ont révélé tout d'un coup à
quel point l'esprit monarchique et religieux
était éteint en France, on à peine à concevoir
qu'une génération élévée sous une monarchie
et par des congrégations religieuses, se soit
trouvée si complétement étrangère aux doctrines et aux habitudes sur lesquelles reposoient
le gouvernement et la religion de son pays.
L'état de l'éducation et de l'instruction publique est une des causes qui peuvent servir à
l'explication de ce phénomène.

Et comme si la providence eût voulu que
l'expérience fût complète pour qu'il ne man-
quât rien à ses leçons, après avoir démontré
l'insuffisance et le danger de cette *instruction
secondaire*; aussi imparfaite en elle-même
qu'imprudemment distribuée, elle a amené
sur la scène ce peuple à qui toute *instruction*

primaire avait manqué, ou à peu près, et qui n'avait pu acquérir, dans de bonnes écoles publiques, ni les connaissances nécessaires pour améliorer paisiblement sa condition, ni des idées religieuses et morales, gravées assez profondement dans les âmes pour y fortifier le sentiment du devoir, ni enfin ces habitudes d'ordre et de discipline, qui assurent à la société une force immense et partout présente contre les excès des individus. Avant la révolution, l'instruction primaire était presque complétement abandonnée à la charité publique et à celle de l'église, qui, en certains lieux, la procuraient aux pauvres, tandis qu'en beaucoup d'autres nul n'y songeait et n'en prenait soin. Le peuple des grandes villes ne la recevait que de gens tirés eux-mêmes des dernières classes du peuple, incapables de la diriger vers un but moral et d'une manière conforme aux intérêts de l'état. Les frères des écoles chrétiennes formaient, il est vrai, une institution excellente, mais ils étaient loin de suffire aux besoins de la population. Aucune surveillance générale ne s'exerçait à cet égard ; une instruction religieuse très-incomplète, et souvent fort négligée, était toute l'éducation populaire ; et, lorsque le cours des événemens a livré ce peuple aux mains des factieux ou

à lui-même, il ne s'est rien trouvé dans les leçons et dans les habitudes de son enfance, qui
pût opposer quelque obstacle à ses erreurs et
à ses excès.

Quant à l'*instruction spéciale*, elle était,
à certains égards, dans un meilleur état. Elle
comprend les écoles qu'on appelle de service
public, parceque le gouvernement en recueille
immédiatement les avantages, et les écoles qu'on
pourrait appeler d'utilité publique, parceque
leurs résultats intéressent tous les citoyens. Les
premières étaient presque toutes d'origine récente, avaient été bien conçues, sagement
dirigées, et produisaient les plus heureux effets ;
les écoles militaires, les écoles de l'artillerie,
du génie, de la marine, des ponts et chaussées,
des mines, de construction navale, de chirurgie civile et militaire, avaient donné à la
partie savante de nos armées et de notre administration une supériorité qui excitait déjà
l'admiration de l'Europe : toutes les découver-
tes des sciences étaient appliquées, dans ces
écoles, aux besoins de l'état, et leur organisation s'améliorait chaque jour.

Les écoles spéciales, consacrées aux ministres
de la religion, conservaient encore avec honneur cet immense dépôt de science qu'elles
avaient recueilli et enrichi depuis le seizième

siècle. Les séminaires, dirigés par les évêques, formaient les ecclésiastiques ordinaires ; ceux qui voulaient approfondir leurs études et se distinguer dans leur état, suivaient les facultés de théologie des Universités, et surtout la faculté de Paris, qui n'était point déchue de son ancienne réputation. Il suffit de se rappeler cette longue série de grands hommes qu'a possédés le clergé de France, et cette réunion d'évêques éclairés et de théologiens savans, qui, à l'époque de la révolution, soutenaient si dignement, par leurs lumières et leur sagesse, la gloire de cette église qu'ils ont honorée depuis par leurs nobles adversités, pour juger de l'étendue et de la solidité de l'instruction que recevaient les ecclésiastiques.

L'instruction spéciale du droit et de la médecine n'était, à beaucoup près, ni aussi forte, ni aussi bien réglée. Presque partout ces deux facultés n'avaient conservé, avec les Universités dont elles faisaient partie, que des rapports peu nombreux ou incertains ; et, dans quelques lieux, le défaut de surveillance avait fait déchoir et négliger leur enseignement. À Paris, personne ne suivait les cours publics de droit, et les réceptions de cette faculté n'étaient qu'une forme vaine, qui servait seulement à enrichir les professeurs. Les avo-

cats se formaient en travaillant dans l'étude
des procureurs; la vénalité des charges ayant
concentré les grandes magistratures dans un
certain nombre de familles riches, les jeunes
gens à qui elles étaient destinées, s'instruisaient,
soit par les leçons de leurs pères ou de maîtres
particuliers, soit par leurs propres études.
La science des jurisconsultes était ainsi le fruit
de la bonne organisation du barreau, de l'ad-
mirable composition de la haute magistrature,
et de la vie laborieuse et grave des magistrats;
ils n'en devaient presque rien aux établissemens
publics d'instruction.

La faculté de médecine de Paris était composée de tous les docteurs de cette ville : elle
élisait tous les ans, dans ce nombre immense
de médecins, quelques hommes qui étaient
obligés de faire les cours publics, et qui s'ac-
quittaient à la hâte, comme d'un devoir pas-
sager, de fonctions auxquelles suffiraient à
peine les travaux et les préparations de la vie
entière. C'était donc aussi sous des maîtres
particuliers que les élèves cherchaient à acquérir les connaissances qu'exigeait leur profession.
La faculté de médecine de Paris avait du moins
le mérite d'être sévère dans ses réceptions; la
faculté de Montpellier, très-supérieure à celle
de Paris pour l'organisation de l'enseignement,

partageait cette sévérité; mais quelques facultés de province étaient loin de suivre cet exemple : on sait jusqu'à quel excès l'indulgence était poussée dans celles d'Orange et de Reims.

La police qu'exerçaient sur leurs membres les corporations de médecins de chaque ville, remédiait, jusqu'à un certain point, aux inconvéniens qu'entraînait l'indulgence des facultés ; mais l'insuffisance de ce remède était évidente.

Tel était, en 1789, l'état général des divers degrés et des différens établissemens d'éducation et d'instruction publiques. La patience, la sagesse et la fermeté auraient pu sans doute ramener l'ordre et l'union parmi tant d'élémens discordans : ce n'était pas ainsi que la révolution devoit procéder.

CHAPITRE III.

De l'état de l'Instruction publique pendant la révolution et sous le gouvernement impérial, jusqu'à la création de l'Université.

En septembre 1791, l'Assemblée constituante rendit le décret suivant :

« Il sera créé et organisé une instruction
» publique commune à tous les citoyens, gra-
» tuite à l'égard des parties d'enseighement in-
» dispensables pour tous les hommes, et dont
» les établissemens seront distribués graduel-
» lement dans un rapport combiné avec la
» division du royaume. »

Ainsi fut annoncé pour l'instruction publique, comme pour toutes les parties de l'ordre
social, ce système d'une création nouvelle,
qui devait tout embrasser, et qui commençait
par frapper à mort tout ce qui existait, même
quand on n'en décrétait pas la destruction immédiate. Les anciens établissemens d'instruction publique furent attaqués et décriés aux
yeux de la France entière; leur chute, ou, si
l'on veut, leur métamorphose prochaine, fut
solennellement proclamée; ils perdirent ainsi

toute confiance, toute consistance et tout crédit. Mais les plans nouveaux, d'après lesquels
on devait les remplacer ou les recréer, ne
furent point mis à exécution.

Ces plans, quelques vains qu'ils aient été
dans le fait, ne doivent pas être complétement
passés sous silence. Le système dans lequel ils
étaient conçus, a exercé sur l'instruction publique une influence dont les inconvéniens et
les avantages se sont également fait sentir, et
dont il importe d'indiquer la source.

L'esprit humain, à cette époque, avoit embrassé l'ensemble de la société et des institutions sociales avec une force et une étendue
jusqu'alors inconnues, mais aussi avec un orgueil bien au-dessus de sa puissance. L'homme
croyait avoir, comme le dieu de Platon, conçu
dans sa pensée le véritable type de l'univers, et
il était impatient de modeler le monde réel,
qu'il ne considérait que comme une matière
inerte et désordonnée, d'après les formes
idéales et les lois primitives qu'il venait enfin
de découvrir. Ces créateurs mortels se saisirent
de la société comme l'Éternel s'était saisi du
chaos, et prétendirent à la puissance de la pa-
role divine. Institutions politiques, lois civiles,
religion, philosophie, morale, relations com-
merciales, diplomatiques, domestiques, les

opinions, les intérêts, les habitudes, les mœurs, l'État, les familles, les individus, tout fut à reconstruire; tout avait été jusque là le produit d'une force aveugle; tout devait être l'ouvrage de la raison. Alors se manifestèrent en même temps, et tous les progrès qu'avait faits cette raison si superbe, et tous les secrets de sa faiblesse; alors on vit à la fois la source et la vanité de son orgueil : les conséquences d'un tel état de l'esprit humain ne tardèrent pas à se développer.

Ce fut peut-être dans les plans proposés pour l'instruction publique, qu'elles éclatèrent d'abord avec le plus d'évidence; c'était là en effet le champ le plus vaste et le plus libre qui pût être ouvert à tant d'ambitieuses prétentions. Enseigner tout ce qu'on savait ou tout ce qu'on croyait savoir, et faire reposer sur le progrès de ces lumières, dont on était déjà si fier, tout l'édifice de la société, telle fut l'idée fondamentale d'après laquelle ces plans furent conçus; aussi ne peut-on les examiner sans être profondément surpris de l'immense étendue qu'ils embrassent, et de tout ce que contient cette étendue; il semble que l'homme ait pris plaisir à déployer ainsi son savoir, et qu'il n'ait songé qu'aux moyens de l'accroître et de le répandre. L'éducation proprement dite occupe

peu de place dans tous ces projets; à peine y
parle-t-on de la discipline des écoles; la morale
elle-même y est présentée plutôt comme une
science à enseigner à l'esprit des élèves, que
comme une doctrine à inculquer dans leur
âme; l'éducation nationale y est rarement considérée comme un moyen d'attacher à l'État
et de former pour l'État les générations naissantes, de soutenir et d'améliorer les mœurs
publiques; cette vue n'est jamais indiquée que
légèrement; les mesures qui s'y rapportent
sont en petit nombre et sans énergie; elles
tendent bien moins à imprimer dans le cœur
des jeunes gens l'amour et le respect des institutions de leur pays, qu'à leur inspirer le désir
vague de les changer. On ne voit nulle part
aucune puissance chargée de diriger le développement des caractères, et pourvue des
moyens d'atteindre à ce but. Tout semble su-
bordonné au dessein de répandre la science et
d'en reculer les limites. On veut instruire non-
seulement les enfans, mais encore les hommes
faits; on réduit tout en leçons et en cours pour
toutes les conditions et pour tous les âges.
Toute tentative pour établir et propager des
doctrines publiques, pour exercer sur les âmes
la plus légère influence, est considérée comme
une atteinte à la liberté; enfin, l'éducation est

presque complétement livrée au hasard , et
l'instruction paraît plutôt consacrée à la gloire
et aux progrès de la science, qu'aux intérêts de
la société et des individus.

Tel est le caractère général des *rapports* et
des *projets de décrets* présentés sur cette matière à l'Assemblée constituante et à l'Assemblée législative. Aussi ces projets demeurè-
rent-ils sans exécution ; on put les admirer
comme monumens de l'étendue de l'esprit humain , mais ils étaient trop peu d'accord avec
l'état véritable de la France , pour que l'impossibilité de les appliquer ne fût pas évidente ,
même aux yeux de gens qui croyaient difficil-
lement à une telle impossibilité. Où aurait-on
trouvé un assez grand nombre de maîtres capables de donner un enseignement ainsi conçu,
et des élèves préparés à le recevoir ? Ici les
hommes manquaient aux choses , et on ne
pouvait les créer par des décrets. Un siècle
d'ordre et de repos eût à peine suffi pour l'établissement de pareils systèmes d'instruction publique ; et même, au milieu des circonstances
les plus favorables , l'expérience eût bientôt
fait sentir ce que ces systèmes avaient de dé-
fectueux, en montrant qu'ils rendaient l'éducation nationale trop étrangère à la puissance
publique ; qu'ils n'établissaient point entre les

générations naissantes et la société au milieu
de laquelle elles sont destinées à vivre, ces
liens si nécessaires à la stabilité des États; qu'ils
manquaient enfin de ces principes de force et
de discipline, sans lesquels ce libre développement des esprits n'enfante que le désordre,
et fait plus de tort à l'ordre social que de bien
aux progrès de la science.

Plus la révolution avançait, plus la nécessité
de ces principes régulateurs et de la discipline
scolastique était méconnue : on en aperçoit
encore quelques traces dans le plan présenté à
l'Assemblée constituante; on les cherche en vain
dans celui qui fut soumis à l'Assemblée législative : un exemple singulier fera connaître
quelle avait été, à cet égard, la marche progressive des idées. On lit dans le *Rapport* fait
à l'Assemblée constituante, à l'article des *Écoles
militaires*, destinées à former de jeunes officiers: «Une idée qu'on ne doit jamais abandon-
» ner dans l'apprentissage de l'art militaire,
» c'est l'idée de la subordination......cette
» première vertu du guerrier, sans laquelle un
» État n'aura jamais une armée protectrice....
» l'instituteur rendra sensible à ses élèves, par
» les exemples comme par les raisonnemens et
» par l'impression de l'habitude, la nécessité
» de cette subordination. Il les armera contre

» cet étrange abus du raisonnement, qui vou-
» drait présenter l'obéissance militaire comme
» en contradiction avec les principes de l'éga-
» lité, etc. , etc. »

Le Rapport adressé à l'Assemblée législative
dit, sur le même sujet : « Dans les villes de
» garnison , on pourra charger le professeur
» d'art militaire d'ouvrir , pour les soldats ,
» une conférence hebdomadaire dont le prin-
» cipal objet sera l'explication des lois et des
» règlemens militaires , le soin de leur en
» développer l'esprit et les motifs : car l'obéis-
» sance du soldat à la discipline ne doit plus
» se distinguer de la soumission du citoyen à
» la loi; elle doit être également éclairée et
» commandée par la raison et par l'amour de
» la patrie , avant de l'être par la force ou la
» crainte de la peine. » [Ainsi, tandis que le
rapporteur de l'Assemblée constituante croyait
encore qu'on devait former les officiers à la subordination , le rapporteur de l'Assemblée législative voulait qu'on enseignât le *raisonnement aux soldats* ; tant avait prévalu par degrés cette idée fausse que l'éducation publique,
quel que soit son objet, doit se borner au développement de l'esprit et de la raison , qu'elle
n'a point d'autre but, et ne saurait s'arroger
aucun autre droit!)

Malgré l'inexécution de tous ces plans, bizarre mélange de force et de faiblesse, d'idées justes et de théories absurdes, de vues utiles et de projets insensés, ils ne laissèrent pas d'exercer sur les opinions et sur les institutions une grande influence. Si les avantages des anciens établissemens d'instruction publique avaient été méconnus, leur insuffisance et leurs défauts avaient été mis au grand jour. Il avait été démontré, et le public avait senti que l'enseignement y était beaucoup trop borné ; qu'il n'embrassait point les connaissances les plus directement applicables aux intérêts de la société et des individus ; qu'on y consacrait trop de temps à des études d'une importance secondaire ; que l'instruction était demeurée fort en arrière des progrès des sciences et de l'esprit humain ; que les jeunes gens se trouvaient ainsi obligés, à leur entrée dans le monde, d'oublier une partie de ce qu'ils avaient appris et d'apprendre ce qu'ils auraient dû avoir déjà étudié ; qu'il était, par conséquent, indispensable d'étendre et d'enrichir l'enseignement, de le rendre plus complet et d'une utilité plus générale, d'en changer les objets et les formes, de le mettre enfin en rapport avec l'état des lumières et les besoins de la société. C'est là ce qu'indiquait depuis long-temps la nature des choses et l'esprit du siècle, ce que prouvèrent irrévocablement tant d'ouvrages, de discours, de projets dont les effets immédiats furent à peu près nuls; mais qui produisirent, dans l'opinion des hommes sur cette matière, une révolution véritable.

Cette révolution s'opérait d'ailleurs dans toute l'Europe, avec plus ou moins de rapidité; partout les études des Universités, des gymnases et de toutes les écoles, embrassaient progressivement une multitude de sciences et de connaissances naguère abandonnées à la curiosité et aux travaux isolés des individus. Déjà, vers 1780, le duc Charles de Wurtemberg avait fondé à Stuttgart, sous le nom d'*Académie Caroline*, un établissement d'instruction publique, où toutes les branches des connaissances humaines étaient enseignées d'après le plan le plus vaste, et que l'empereur Joseph II avait constitué par un diplôme solennel. Les programmes des universités de Gœttingue, d'Iéna, de Leipzig, de Tubingue, etc., s'enrichissaient annuellement de nouveaux cours et de nouveaux objets d'études. En Angleterre, l'école d'Édimbourg faisait les mêmes progrès; de nouvelles chaires étaient fondées dans les Universités d'Oxford et de Cambridge. Partout enfin l'instruction publique travaillait à se fortifier et à s'étendre, pour se mettre au niveau de ce qu'exigeaient la marche rapide des sciences, l'activité des esprits et les changemens survenus dans l'état social.

Mais le déplorable triomphe des doctrines et des efforts révolutionnaires ne permettait pas d'espérer qu'en France l'instruction publique fût sagement agrandie et améliorée; tout annonçait au contraire et tendait à amener sa destruction. Les établissemens qui restaient encore étaient en proie au découragement et au désordre; la Convention s'empressa de consommer leur ruine. Par ses décrets du 8 mars et du 15 septembre 1793, elle ordonna la vente de tous les biens formant la dotation des colléges, des bourses et de tous autres établissemens d'instruction publique, et prononça enfin la suppression de ces établissemens, ainsi que celle des Facultés de Théologie, de Médecine, de Droit et des Arts. Bientôt l'enseignement fut déclaré complétement libre; l'industrie particulière exploita dès lors à son gré, soit l'esprit révolutionnaire, soit l'esprit opposé que nourrissaient ou que faisaient naître dans un grand nombre de familles honnêtes les horreurs de la révolution. La licence, le désordre et l'ignorance s'établirent dans la plupart de ces pensionnats, que ne surveillait au-

cune autorité, et sur lesquels l'opinion publique, alors muette, n'exerçait aucun empire.
Enfin, lorsque l'excès des maux en eut ralenti
l'intensité, lorsque la Convention nationale fut
forcée de modérer elle-même ses propres fureurs, on sentit la nécessité de porter quelque
remède au déplorable état de l'instruction publique, et les décrets des 25 février, 1er. mars,
7 avril et 25 octobre 1795, ordonnèrent et réglèrent l'établissement des *écoles centrales.*

L'idée de placer dans le chef-lieu de chaque
département une grande école, un collége
de plein exercice, où les jeunes gens pussent
recevoir une instruction secondaire aussi complète que l'exigeaient les besoins de la société,
était sage, et pouvait produire de très-bons
effets. Deux circonstances s'opposèrent au succès des écoles centrales, et contrarièrent l'influence salutaire qu'elles semblaient devoir
exercer; ce fut, d'une part, l'organisation
de l'enseignement, de l'autre le choix des
professeurs.

Presque toutes les chaires qui furent fondées dans les écoles centrales, avaient pour
objet la partie supérieure de l'instruction secondaire, celle qui touche à l'instruction spéciale et qui doit y conduire. Il y eut des professeurs de dessin, d'histoire naturelle, de

angues vivantes ; de grammaire générale, de
physique, de chimie expérimentale et de législation. Un tel enseignement était incontes-
tablement utile ; mais il supposait des écoles
d'un ordre inférieur, où les enfans pussent
recevoir ces connaissances élémentaires et
ces premiers développemens de l'esprit, sans
lesquels des études plus élevées et plus éten-
dues ne peuvent être faites avec fruit. Or, ces
écoles n'existaient point, et l'on ne songea
point à s'en occuper. Il résulta de là que les
professeurs des écoles centrales, qui auraient dû
n'avoir pour élèves que des enfans déjà instruits
et à moitié élevés, furent obligés de se réduire à un enseignement élémentaire, auquel
ne convenaient ni la nature de leurs leçons,
ni le régime intérieur de ces écoles. Le professeur de langues anciennes, par exemple,
dont les enfans n'auraient dû suivre le cours
qu'après avoir fait leur troisième, fut contraint d'enseigner le rudiment. La destination
des écoles centrales fut ainsi dénaturée. Elles
ne firent pas ce qu'elles devaient faire, et
firent mal ce qui n'entrait pas dans le véritable système de leur institution. Aussi ne
furent-elles jamais que des pierres d'attente,
des fragmens d'un édifice idéal dont les fondemens n'avaient pas été posés.

La discipline de ces écoles demeura plus imparfaite encore. La loi qui les avait créées, avait ordonné qu'à chaque école centrale fût attaché un pensionnat où l'éducation, proprement dite, des élèves, pût être efficacement surveillée : ces pensionnats devenaient d'autant plus nécessaires, que l'enseignement des écoles centrales était forcé de s'abaisser et de s'accommoder à l'âge et à l'ignorance des élèves ; le régime plus libre qui aurait pu convenir à des jeunes gens déjà avancés, était dangereux et impossible avec des enfans qui commençaient leurs études : cependant les pensionnats ne s'établirent presque nulle part, et la partie morale de l'éducation fut ainsi absolument négligée.....

Enfin, le choix des professeurs avait été confié, dans chaque département, à un jury d'instruction qui, presque partout, se laissa dominer par l'esprit du moment et par les préjugés révolutionnaires : ainsi furent introduits dans l'instruction publique une foule d'hommes décriés, dont le nom s'attachait, dans les diverses localités, aux souvenirs les plus fâcheux ; et qui ne pouvaient obtenir ni la confiance des parens, ni le respect des élèves ; ainsi furent écartés beaucoup d'anciens instituteurs que leur caractère et leur savoir auraient dû faire préférer, mais qu'on repoussa à cause de leurs opinions. La difficulté de trouver des maîtres capables d'enseigner des sciences presque nouvelles ou du moins peu répandues, contribua encore puissamment à la médiocrité des choix. En vain un décret du 30 octobre 1794, avait établi à Paris une école normale où devaient être appelés, de toutes les parties de la France, environ dix-huit cents hommes faits, en âge de recevoir l'instruction la plus élevée, et destinés à enseigner ensuite dans les départemens les sciences qu'ils auraient ainsi étudiées ; en vain les savans les plus illustres avaient été nommés professeurs dans cette école normale ; cet enseignement n'avait duré que quelques mois, et de quelque éclat qu'il eût brillé, quelque émulation qu'eussent excitée chez les hommes qui se vouaient à l'étude, le nom et les leçons de professeurs tels que MM. Lagrange, Laplace, Berthollet, etc., cette institution momentanée et peu régulière n'avait pu former qu'un très-petit nombre de bons maîtres. Ce nombre était loin de suffire, et, dans beaucoup d'écoles centrales, les chaires les plus importantes furent confiées à des hommes incapables de les remplir.

4

Toutes ces causes réunies dénaturèrent l'institution des écoles centrales, et en corrompirent les effets ; aussi, si l'on en excepte Paris et quelques grandes villes, où se présentèrent de bons professeurs, et où des maîtres de pensions honnêtes s'établirent auprès de ces écoles, elles n'eurent point un nombre d'élèves proportionné aux dépenses qu'elles occasionaient ; et l'éducation continua d'être livrée aux aberrations de l'industrie particulière.

Tel était l'état de l'éducation en général, de l'instruction secondaire, et des établissemens publics qui y étaient consacrés, lorsque Buonaparte s'empara du pouvoir ; tels avaient été les résultats immédiats des travaux et des décrets des assemblées législatives. *L'instruction primaire* avait été l'objet de plusieurs décrets de la convention ; mais ces décrets, ou inexécutables ou négligés, avaient peu servi à ses progrès ; et si les classes inférieures de la société avaient acquis quelques-unes des connaissances élémentaires qui sont enseignées dans les écoles de ce genre, il faut l'attribuer à l'état où se trouvait alors la société ; et non à l'influence d'établissemens publics qui n'existaient pas. D'ailleurs, la licence des temps, les fureurs populaires et les efforts de tant de gou-

vernemens odieux pervertissaient l'instruction
primaire dans son principe comme dans ses
effets, et la faisaient servir bien plutôt à la
propagation de doctrines funestes et d'une
immoralité révoltante, qu'à l'amélioration de
la condition et des mœurs du peuple. Tant la
révolution semblait destinée à tout corrompre,
et à convertir même ce qui était bon en une
source de désordre et de malheur!

 L'instruction spéciale avait eu moins à souffrir : elle intéressait de trop près le gouvernement pour qu'il pût impunément la négliger,
et elle échappait, par sa nature même, à
l'influence directe des principes révolutionnaires. D'ailleurs, le progrès rapide des sciences était favorable aux établissemens de ce
genre, et leur promettait un grand éclat. L'assemblée constituante adopta, sur les écoles
de marine, quelques mesures utiles. Par décret du 10 juin 1793, on organisa, au Jardin
des Plantes, un grand et bel enseignement des
sciences naturelles. La nécessité de fournir
l'administration et les armées d'ingénieurs des
ponts et chaussées et des mines, de construc-
teurs, d'officiers d'artillerie et du génie, etc.,
fit fonder, en 1794, *l'école centrale des travaux
publics*, qui prit, en 1795, le nom d'*École poly-*

technique. Cette école peupla les écoles militaires spéciales d'élèves bien préparés ; les
sciences exactes y furent poussées très-loin , et
tous les services publics en ressentirent bientôt les heureux effets. Mais l'école polytechnique elle-même n'avait point d'écoles inférieures où elle pût se recruter , et , pendant plusieurs années , on fut obligé d'y admettre des
élèves presque complétement dépourvus de
toute instruction littéraire , ce qui y rendit
long-temps l'enseignement trop spécial et trop
borné.

Par décret du 4 décembre 1794 furent également fondées à Paris , à Montpellier et à
Strasbourg , trois écoles de santé , où l'enseignement de la médecine et de la chirurgie
fut organisé avec une richesse jusque-là sans
exemple : plusieurs règlemens successifs dé-
terminèrent le régime de ces écoles ; et)
malgré quelques abus faciles à réformer , elles
ont beaucoup contribué aux progrès des
sciences médicales et de l'art de guérir ; elles
ont particulièrement influé de la manière la
plus heureuse sur l'état des hôpitaux.

L'école spéciale des langues orientales, les
deux écoles d'économie rurale vétérinaire,
et plusieurs autres établissemens moins im-

portans, mais d'une utilité incontestable, furent fondés à peu près à la même époque.

Ainsi, tandis que l'instruction *primaire* était négligée, ou employée au succès des plus pernicieux desseins, tandis que l'instruction *secondaire* était abandonnée à l'industrie particulière, sans direction et sans surveillance, ou organisée d'après des plans dont l'exécution demeurait d'autant plus imparfaite, que leur conception avait été plus gigantesque, l'instruction *spéciale*, favorisée par la nature même des connaissances qui en sont l'objet, et par les besoins publics, faisait des progrès réels, rendait à la société de véritables services, et assurait à la France, aux yeux de l'Europe entière, cette gloire des sciences et des arts qui, après avoir long-temps soutenu sa prospérité intérieure, devait contribuer un jour à la faire respecter dans ses revers.

A l'époque du 18 brumaire, la réaction contre les maximes et les institutions révolutionnaires, tendait partout à prévaloir; cette réaction s'était si clairément manifestée à l'égard de l'instruction publique, et surtout dans certains pensionnats, que le Directoire avait pris, le 5 février 1798, un arrêté tendant à recommander aux administrations départementales

d'exercer sur ces maisons d'éducation une surveillance sévère, et de s'assurer, entr'autres, « si
» les maîtres avaient soin de mettre dans les
» mains de leurs élèves les droits de l'homme
» et la constitution, si l'on y observait les dé-
» cadis, si l'on y célébrait les fêtes républi-
» caines, et si l'on s'y honorait du nom de
» citoyen. » Efforts impuissans d'un gouvernement près de succomber lui-même sous une
réaction qu'il essayait en vain d'arrêter! Buonaparte s'empara habilement de cet esprit nouveau; établi, d'une part, sur les intérêts révolutionnaires qu'il consacrait, il s'appuya de l'autre sur les opinions anti-révolutionnaires qu'il
sut détourner à son profit. Dès 1801, il an-
nonça le dessein de réformer le système de
l'instruction publique. Une commission fut
chargée de préparer une loi; cette commission,
composée d'hommes éclairés, fit un grand
travail, dont les principes étaient sages et tendaient plutôt à corriger les institutions alors
existantes, qu'à leur substituer brusquement
des institutions nouvelles. Ce travail fut remis
à Buonaparte; ce n'était pas ce qu'il voulait; il
dicta sur-le-champ un projet de décret diffé-
rent, où se retrouvait, à chaque article, l'empreinte de cet esprit incohérent et gigantesque
dans lequel fermentaient incessamment une

multitude d'idées bizarres, qu'il prenait pour
des inventions sublimes, et dont il voulait
faire la loi du monde. On y lisait, par exemple,
qu'il n'y aurait que huit professeurs dans chaque
lycée, savoir : quatre professeurs de latin, et
quatre professeurs de mathématiques ; que l'un
des professeurs de mathématiques enseignerait
*la composition et la décomposition des métaux
dans leurs rapports avec la société ;* ce qui semblait dire qu'il enseignerait la pierre philoso-
phale, etc., etc.

Cet étrange projet fut renvoyé à la commission, au travail de laquelle il devait être sub-
stitué, et elle fut chargée de l'arranger. Cette
tâche n'était pas aisée ; le retranchement des
dispositions les plus absurdes était précisément
ce qui devait le plus choquer l'inventeur. Cependant, à force de retourner les phrases, de
modifier les expressions, de substituer aux ar-
ticles les plus déraisonnables des dispositions
vagues, susceptibles de se plier, dans la pra-
tique, à diverses interprétations, on vint à
bout de rédiger une loi dont Buonaparte se
contenta, que le Tribunat et le Corps législatif
adoptèrent, et qui fut promulguée le 1ᵉʳ. mai
1802.

Cette loi statuait que l'instruction serait
donnée, 1°. dans des écoles primaires établies

par les communes; 2°. dans des écoles secondaires établies par les communes ou tenues
par des particuliers; 3°. dans des lycées et des
écoles spéciales entretenus aux frais du trésor
public. Elle plaçait les deux premiers genres
d'écoles sous la surveillance des sous-préfets et
des préfets, et réglait la nature et le mode de
l'enseignement, ainsi que le régime intérieur
des lycées et des écoles spéciales.

Indépendamment des nombreuses modifications que cette loi apportait dans les objets et
dans les formes de l'enseignement, qu'elle rap-
pelait, du moins à beaucoup d'égards et avec
peu de discernement, aux anciennes règles et
aux anciens usages, elle opérait, dans le système fondamental de l'instruction publique,
une révolution très-importante; elle l'enlevait
tant aux autorités locales qu'à l'industrie particulière, pour en remettre la direction et l'administration au chef de l'État et à ses agens
immédiats. Contenue dans de justes limites,
cette révolution était utile; elle tendait à ramener l'ordre dans les établissemens d'instruction, à mettre les institutions de ce genre en
rapport avec l'ensemble des institutions politiques; elle posait ainsi les fondemens d'une
véritable éducation nationale et faisait enfin
cesser l'empire de ces principes absurdes, en

vertu desquels on avait long-temps prétendu
que l'État ne devait exercer aucune influence
sur l'éducation des hommes destinés à vivre
un jour sous ses lois.

Mais où règne la volonté d'un despote, il
n'y a point d'État, et ce n'est pas au profit de
l'Etat, c'est au profit d'un individu que doivent tourner toutes les institutions. On ne
tarda pas à s'apercevoir que tels étaient le but
et la marche de Buonaparte. Deux faits principaux sont à observer dans la manière dont
il appliqua la loi qui venait d'être rendue, et
dans les diverses mesures dont l'instruction
publique fut l'objet.

Le premier besoin de Buonaparte était d'acquérir des créatures ; la voie la plus sûre pour
y parvenir était de multiplier les récompenses
pour les hommes qui se donnaient à lui, et de
travailler en même temps à former dans son
empire un grand nombre d'hommes disposés
et propres à devenir les esclaves de ses idées
et les instrumens de ses projets.

L'instruction publique lui offrait un moyen
facile d'arriver à cette dernière fin. Il résolut
d'employer en bourses les fonds auparavant
consacrés aux professeurs, et de faire subsister
ceux-ci sur les bénéfices que produiraient, soit
les bourses, soit les pensions des élèves payans.

Son procédé, pour atteindre à ce but, fut très-simple ; il fit d'abord réunir au trésor public les fonds que chaque département consacrait à son école centrale ; et, pendant quelque temps, il fit payer ces écoles par le trésor. Cet arrangement ayant converti en recettes et dépenses générales de l'État une somme d'environ trois millions, comptée jusque-là au nombre des recettes et dépenses locales, il devint maître d'en disposer à son gré. Ce qui servait à payer les professeurs de trois écoles centrales ou de trois départemens fut destiné alors à entretenir, dans un seul des lycées que l'on établit, environ cent boursiers nommés par le chef du gouvernement, auxquels on en ajouta cinquante qui devaient être choisis au concours dans les principales villes de ces trois départemens, et que ces villes devaient entretenir sur leurs revenus locaux. Le produit de ces cent cinquante bourses devint le gage des dépenses fixes et nécessaires, et nommément du traitement des administrateurs et professeurs des lycées ; l'excédant qui devait résulter du prix payé par les pensionnaires volontaires, fut destiné à l'amélioration des établissemens.

On voit que ce système entraînait d'abord, pour l'instruction publique, une perte réelle, puisqu'il supprimait les deux tiers des profes-

seurs dispersés sur la surface de la France ;
mais ce n'était pas là sa conséquence la plus
grave. Le but secret de Buonaparte était atteint ; il nourrissait et élevait dans les lycées,
à ses frais et pour son profit, environ trois
mille enfans qui tenaient ainsi de lui leur éducation, et qui devaient être fort disposés à
servir l'homme qu'ils s'accoutumaient, dès
leur enfance, à considérer comme leur bien-
faiteur. Cette influence s'étendait sur les familles
auxquelles appartenaient ces enfans, et qui dépendaient de Buonaparte par ce nouveau lien.
Les boursiers étaient communément choisis
parmi les fils des militaires, ou dans des familles pauvres, nouvelle source d'attachement ou
plutôt de dépendance. Buonaparte se créait
ainsi, en quelque sorte, une immense famille
adoptive qui le reconnaissait pour protecteur
et pour patron.

Il ne s'en tint point là, et c'est ici le second
fait qu'il importe de remarquer.

Après s'être assuré les moyens de faire des
créatures au gouvernement, à la faveur des
bourses, on prétendit soutenir ces bourses et
tout l'édifice de l'instruction secondaire sans
qu'il en coûtât rien au trésor ; on espérait éco-
nomiser ainsi, au profit du gouvernement, les
trois millions donnés dans l'origine pour les

écoles centrales, et qu'on voulait pouvoir employer à d'autres usages.

. On commença par charger les paréns d'ac-
quitter le quart ou la moitié d'une partie des
bourses des lycées. On se mettait ainsi en état
de créer de nouveaux lycées sans fonder autant de bourses nouvelles qu'en aurait exigé
cet établissement. Mais les parens, souvent sans
fortune, les militaires qui périrent aux armées
ne purent payer ce quart ou cette moitié de
bourse qui avait été mise à leur charge, et ce
fut là une première cause de ruine. De plus,
les bourses ainsi réduites furent moins dé-
sirées; souvent il ne se présentait point de
jeunes gens pour obtenir celles que les villes
accordaient au concours; on fut obligé de les
donner à des élèves étrangers, ce qui mécon-
tenta les conseils municipaux chargés de payer,
et produisit des lenteurs et des non-valeurs
sans nombre, nouvelle source de ruine. Enfin
on avait remarqué que l'affluence des deman-
des en admission pour l'école polytechnique
et pour l'école militaire, procurait à ces établissemens tant de pensionnaires volontaires, que
non-seulement ils se soutenaient par leurs
propres recettes, mais encore que les profits
étaient assez considérables pour entretenir un
certain nombre d'élèves du gouvernement. On

prétendit que les lycées en vinssent au même point; à mesure que les pensionnaires libres s'y multipliaient, on y diminuait le nombre des boursiers; mais on ne rétablissait point les bourses quand les pensionnaires disparaissaient; troisième cause de désordre et de ruine.

Ainsi, élever gratuitement un grand nombre d'enfans destinés à devenir les créatures du chef de l'État, et faire supporter les frais de leur éducation par les enfans qui payaient pour la partager, de telle sorte que l'instruction publique servît à ses vues, sans l'obliger de rien retrancher sur les fonds dont il avait besoin pour l'exécution de ses desseins ; tel fut le but secret de l'organisation administrative des lycées, et des diverses mesures règlementaires dont ils furent successivement l'objet.

Il était aisé de prévoir qu'un tel plan nuirait beaucoup au succès des nouveaux établissemens d'instruction. Si ces établissemens eussent pu attirer autant d'élèves qu'il s'en présentait pour l'école polytechnique et les écoles militaires, au sortir desquelles les jeunes gens, exemptés de la conscription, entraient dans des carrières lucratives et honorables, les inconvéniens de leur mauvaise constitution financière auraient été moins graves. Mais les lycées n'offraient point aux familles ces

avantages; ils ne pouvaient donc arriver aux
mêmes résultats, et se passer également des secours du trésor.

Les lycées étaient d'ailleurs exposés à une
concurrence que n'avaient point à redouter les
écoles spéciales dont on vient de parler. Ils
s'ouvraient sous des auspices, à certains égards,
défavorables. Indépendamment de la défiance
que les souvenirs de la révolution inspiraient
à un grand nombre de parens contre l'éducation publique, indépendamment des vices
réels de l'organisation des lycées, soit sous le
rapport de l'éducation proprement dite, soit
sous celui de l'enseignement, une circonstance
particulière leur fit un véritable tort. Pendant
le cours de la révolution, le collége Louis-le-
Grand, sous le nom de *Prytanée français*,
avait échappé, comme par miracle, à la ruine
de tous les établissemens d'instruction; il était
même parvenu, en 1800, à se faire adjuger les
biens de l'Université de Louvain. Une partie
des jeunes gens qu'on y élevait aux frais de
l'État, avaient été envoyés à la guerre en 1793,
avec promesse de retrouver leurs bourses au
retour. On comprend que les mœurs qu'ils
avaient rapportées des camps, n'avaient pas
dû améliorer celles du collége où ils étaient
rentrés. En 1802, un certain nombre des

élèves du Prytanée furent dispersés dans les
lycées, et ces colonies y firent, sous le rapport
tant de la discipline que de la morale, un
mal que dix ans de soins assidus ont eu peine
à guérir, et qui, selon l'usage, parut dans l'o-
pinion, plus grand encore qu'il n'était.

Ainsi peuplés, dès l'origine, d'élèves dangereux; constitués, quant aux finances, d'a-
près des intentions nuisibles à une bonne
administration; incomplets quant à l'enseignement, et dirigés par des professeurs
qui, malgré la latitude qu'avait laissée au
choix le nombre des écoles centrales, n'é-
taient pas tous aussi éclairés et aussi moraux
qu'on devait le désirer, les lycées eurent à soutenir une concurrence qui aurait pu faire tort
aux établissemens les mieux organisés.

Leurs premiers rivaux étaient les maîtres
de pension qui avaient envahi l'instruction,
et qui n'ignoraient pas que les établissemens
publics l'emporteraient bientôt sur les leurs;
les professeurs entretenus par l'État sont, en
effet, nécessairement supérieurs en nombre, en
considération et en savoir, aux instituteurs des
pensionnats particuliers; ceux-ci s'efforcèrent
donc partout de décrier les lycées, dont les
vices servirent de prétexte à leurs déclama-
tions; et l'ascendant qu'ils avaient acquis sur

un grand nombre de familles, la facilité et la complaisance de leurs communications avec les parens leur obtinrent quelque crédit.

Cependant les lycées auraient soutenu avec avantage cette lutte inégale; les faits furent bientôt si clairs et l'évidence devint si complète, qu'il était impossible de s'y refuser; mais les lycées avaient à combattre des concurrens plus redoutables, soutenus par des intérêts encore plus actifs et par des sentimens plus puissans.

L'exercice public de la religion avait été rétabli en 1802, et les évêques avaient été autorisés à fonder des séminaires pour l'instruction des jeunes gens destinés au sacerdoce : mais l'interruption de l'enseignement et du culte, avait empêché qu'il ne se formât des sujets préparés par l'étude des lettres et de la philosophie à celle des sciences théologiques ; d'ailleurs l'esprit du temps et l'état de la société ne disposaient pas les jeunes gens déjà avancés dans leurs études, à embrasser la carrière de l'église; les ecclésiastiques se crurent donc obligés de prendre pour ainsi dire au berceau l'éducation des clercs; c'était, à leurs yeux, le seul moyen d'assurer la vocation de ces élèves, et de leur donner l'instruction préliminaire dont ils avaient besoin. Ainsi furent fondés, sous le nom de *petits séminaires*, de véritables colléges ou pensionnats uniquement consacrés à l'instruction secondaire.

Cette instruction, comme nous l'avons vu, est la même pour tous les états ; les enfans destinés à des professions civiles, peuvent la recevoir à côté de ceux qui se vouent aux ordres sacrés ; on était d'ailleurs porté à croire que, dans les petits séminaires, l'éducation religieuse serait plus exacte et plus soignée ; enfin, et ce point était fort important, le prix de la pension y était moins élevé que dans les lycées. Les petits séminaires rivalisaient même à cet égard avec les colléges communaux, écoles secondaires d'un ordre inférieur aux lycées, qui avaient été fondées par un grand nombre de villes. Toutes ces causes réunies valurent aux petits séminaires de nombreuses préférences. En vain l'administration et l'enseignement furent progressivement perfectionnés dans les lycées ; en vain, après la fondation de l'Université, on y exerça, sous le rapport de la religion et des mœurs, la surveillance la plus attentive ; en vain l'instruction y devint fort supérieure à ce qu'elle pouvait être et à ce qu'elle était en effet dans les petits séminaires ; en vain on s'efforça de faire sentir aux ecclésiastiques

5

combien il leur importait, combien il était
même de leur devoir, dans l'intérêt de la religion et de la morale publique, de concourir de
tous leurs moyens à l'amélioration des établissemens d'instruction en général; ils se joigni-
rent aux maîtres de pension pour décrier les
lycées; plus s'accroissait le nombre des élèves
payans qu'ils attiraient dans les petits séminaires, plus ils acquéraient de moyens pour
élever gratuitement des jeunes gens destinés à
l'église; ils profitèrent ainsi de l'idée qu'avait
eue Buonaparte d'entretenir des élèves gra-
tuits avec les profits qu'ils faisaient sur les pensionnaires payans. Les suggestions de l'intérêt et les conseils d'une piété mal entendue
fortifièrent ainsi les préventions de l'esprit de
parti; et l'instruction publique eut beaucoup
à en souffrir, sans que la religion en retirât un
véritable avantage.

La loi du 1er. mai 1802 avait ordonné, dans
toutes les communes, l'établissement d'écoles primaires; mais ses dispositions ne furent
pas mieux exécutées, que ne l'avaient été les
décrets de la Convention; et l'*instruction
primaire* demeura à peu près dans le même état.

L'*instruction spéciale* subit d'importantes
modifications; deux écoles d'*arts et métiers*
furent fondées, et leur utilité a été universel-

lément reconnue, Une loi du 13 mars 1804, créa douze *écoles de droit* ; mais on introduisit dans le régime administratif de ces écoles et des écoles de médecine , des changemens dont la fâcheuse influence se fait encore sentir.

On se souvenait que , malgré les ordres contraires et souvent réitérés des papes, les anciennes Universités étaient ; parvenues à mettre à prix, et à un prix assez haut, la délivrance de ces certificats de capacité auxquels on a donné le nom de *grades.* On voulut employer cette ressource pour réduire d'autant les sommes affectées à l'entretien des écoles de médecine : il fut statué que l'on ne pourrait exercer cet art, sans avoir reçu le diplôme de docteur, et que ce diplôme serait payé mille francs , partie en inscriptions, partie en rétribution d'examen. Le traitement fixe des professeurs fut alors réduit à moitié , et on leur alloua un traitement éventuel , proportionné au nombre des docteurs qu'ils recevraient. Le surplus du produit des réceptions fut affecté aux autres dépenses des écoles. Des mesures analogues furent prises pour les réceptions des petits chirurgiens qu'on appelle officiers de santé : un jury de médecine établi dans chaque département, et réuni chaque an-

née sous la présidence d'un professeur de
faculté, fut chargé de constater leur capacité,
et leurs rétributions fournirent au salaire de
ces examinateurs.

Ainsi fut rétabli l'un des plus grands abus
de l'ancienne instruction publique; un abus
qui intéressait les professeurs, non à bien faire
leurs leçons, mais à être indulgens dans leurs
examens, non à bien instruire les médecins
qu'ils devaient donner à la société, mais à les
y répandre en grand nombre. Les produits des
inscriptions et la plus grande partie de ceux
des examens furent même partagés également
entre tous les professeurs; de telle sorte que
ceux dont les leçons n'attirent personne et
même ceux qui ne font point de leçons du
tout, ne sont ni plus ni moins récompensés
que leurs collègues les plus laborieux et les
plus habiles. Si, malgré un principe aussi vi-
cieux, les écoles ont conservé leur réputation,
c'est au zèle des maîtres, et non aux dispositions des législateurs, que la reconnaissance en
est due.

Ce principe était trop commode, il s'accordait trop bien avec le projet constamment suivi
de réduire l'instruction à ses propres ressources, pour qu'on ne l'appliquât pas également
aux écoles de droit.

Lorsque l'administration de la justice commença à reprendre un cours paisible et régulier, alors se formèrent, sous le nom d'*académies de jurisprudence* ou *de législation*, des établissemens particuliers où cette science était enseignée. On ne tarda pas à sentir combien il convenait peu de livrer à des spéculations privées un enseignement qui tient de si près à l'ordre public et au repos de l'état. Douze écoles de droit furent donc créées près les principales cours d'appel. L'enseignement n'y fut point combiné avec cette étendue et cet ensemble qu'exigent aujourd'hui l'état des lumières et les besoins de la société; le droit positif y obtint tout ce qu'il pouvait prétendre; mais l'homme qui gouvernait alors la France, guidé par cet instinct secret que le despotisme prend pour de la sagesse, avait constamment témoigné pour les principes généraux et pour l'histoire des institutions humaines, une aversion qui ne permit pas de donner à la partie rationnelle et historique de la science des lois, les développemens qu'elle réclamait, et qui auraient été nécessaires pour former des jurisconsultes éclairés. Les vices de l'organisation financière s'ajoutèrent à ces imperfections de l'enseignement. Une somme de 250,000

francs avait été consacrée à l'entretien des
écoles de droit; mais Buonaparte prévoyait
que le produit des inscriptions et des rétributions lui fournirait bientôt les moyens de réduire cette dépense; et, en effet, quelques années après (en 1809 et en 1813), il affecta ce
produit à remplacer d'abord deux, ensuite
quatre cinquièmes de ce qu'il avait accordé
dans l'origine. On renchérit même, dans le
mode de distribution, sur les inconvéniens du
principe qui avait été adopté pour la médecine; non-seulement on rendit solidaires les
professeurs d'une même école, mais on mit,
jusqu'à un certain point, toutes les écoles de
droit en communauté de bénéfices, et l'on
enleva à celles qui attiraient un grand nombre
d'élèves, l'excédant de leurs recettes, pour le
reporter sur celles qui restaient désertes. On
détruisit par-là jusqu'à cette émulation collec-
tive que l'on avait du moins laissé subsister
entre les écoles de médecine.

Ainsi, vers 1807 et 1808, on avait successivement rassemblé la plupart des élémens
dont l'instruction publique était autrefois
composée; on avait combiné ces élémens
avec plus ou moins de sagesse, d'après
l'esprit des temps et les besoins de l'État; mais
on n'était pas encore parvenu à rétablir entre

eux, même ces faibles liens qui les unissaient avant la révolution.

La Théologie, et les connaissances qui s'y rapportent, s'enseignaient dans des séminaires soumis uniquement aux évêques diocésains.

La Jurisprudence occupait douze écoles, surveillées par cinq inspecteurs, et soumises en partie au ministre de la justice, en partie au ministre de l'intérieur, par l'intermédiaire d'un conseiller d'état directeur général de l'instruction publique.

La Médecine et *la Chirurgie* n'avaient que trois écoles, soumises immédiatement au ministre de l'intérieur, et sans aucun surveillant. Quelques écoles inférieures, établies près des hôpitaux, fournissaient les officiers de santé.

Les Écoles de services publics dépendaient chacune du ministre dans le département duquel les divers services se trouvaient placés; et l'*École Polytechnique*, qui préparait à toutes ces écoles, ressortissait spécialement du ministre de l'intérieur.

Aucune règle n'était établie sur les études préliminaires qu'on devait exiger de ceux qui se présentaient pour entrer dans les différentes écoles spéciales; aucune correspondance ne liait ces écoles aux écoles secondaires.

↳ *Les Lycées*, principales écoles de cet ordre, étaient surveillés par six inspecteurs généraux, qui avaient une grande influence sur les nominations des professeurs et des boursiers, et qui rendaient compte de leurs opérations au conseiller d'état directeur général de l'instruction publique; et par lui au ministre de l'intérieur. Ces inspecteurs exerçaient à peu près la même surveillance sur *les collèges* ou *écoles secondaires communales*; mais les *pensionnats* ou écoles secondaires tenues par des particuliers leur étaient faiblement soumis, et les *écoles secondaires ecclésiastiques* ou *petits séminaires* leur échappaient complétement.

L'instruction primaire, toujours subordonnée aux municipalités comme aux premiers temps de la Convention, avait été presque absolument négligée.

En dernière analyse, tout ressortissait à peu près du ministère de l'intérieur.

C'est à cet état de choses qu'a succédé l'*Université*.

CHAPITRE IV.

De l'Université.

Pour apprécier avec équité une grande institution, il faut examiner avec soin,

1°. Les intentions du fondateur et le but de la fondation, considérée dans ses rapports avec la politique particulière du gouvernement dont elle est l'ouvrage ;

2°. La nature même de l'institution, c'est-à-dire, les principes fondamentaux sur lesquels elle repose, et les conséquences nécessaires que ces principes doivent amener ;

3°. Enfin, l'histoire de l'institution, c'est-à-dire, la manière dont elle a été appliquée et dirigée, et l'influence qu'elle a exercée en effet.

Tels sont les principaux points de vue sous lesquels doit être envisagée l'Université, si l'on veut la connaître avant de la juger.

Un gouvernement qui n'aurait pour but que le bien de la société, offrirait peu de mystères à découvrir ; ses œuvres ne contiendraient point d'intentions secrètes ; ses institutions ne seraient pas dénaturées d'avance par

des desseins étrangers à leur objet ; on n'aurait
besoin que d'examiner ce qu'elles sont en elles-
mêmes, et comment en est conduite l'exécution.

Mais tel n'était point le gouvernement de
Buonaparte ; à toutes ses créations venaient
constamment s'associer les vues personnelles
du créateur, et cette association corruptrice
d'un intérêt individuel à l'intérêt social, alté-
rait, dans leurs principes mêmes, les institutions les plus salutaires : l'Université ne pouvait en être exempte. Réunir tous les établissemens publics d'éducation en un grand corps soumis à la surveillance d'une autorité supérieure,
placée au centre même du gouvernement ;
donner à cette autorité tous les moyens de répandre et de distribuer convenablement l'instruction, de propager les bonnes doctrines religieuses, morales et politiques, et de préparer
ainsi les enfans confiés aux soins de l'État, à devenir un jour des citoyens vertueux, éclairés et
utiles : tel était, tel sera toujours, à cet égard,
l'intérêt social. Exercer sur tous les établissemens d'éducation une autorité exclusive, et,
au besoin, arbitraire ; attribuer à cette autorité
l'extension la plus illimitée ; remettre le sort
des hommes à une volonté unique et dépen-
dante ; s'emparer de l'enseignement de façon à

disposer à son gré de la science et de l'ignorance des peuples : tel était l'intérêt du despote. C'est à la combinaison de ces deux intérêts, l'un public et patent, l'autre personnel et
secret, que s'appliqua le fondateur de l'Université.

L'idée de l'Université était grande et im-
posante ; sa grandeur devait plaire à un homme dont toutes les conceptions étaient gigan-
tesques ; elle contenait d'ailleurs un puissant
moyen de discipline et d'ordre, et l'ordre était
dans les goûts de son esprit aussi-bien que dans
les besoins de son pouvoir. La gloire qui devait résulter pour son nom d'une création si
vaste, et l'utilité qu'il en pouvait retirer pour
le succès de ses desseins, voilà, sans doute, ce
qu'y vit et ce qu'y chercha Buonaparte.

Le décret du 17 mars 1808 offre de nombreuses traces de ce doublé intérêt et de ces
intentions secrètes que nous avons déjà fait remarquer en parlant de l'organisation des lycées ; le désir d'exercer et d'étendre l'autorité
s'y fait sentir dans une foule de dispositions ;
on y reconnaît, d'une part, la prétention de
tout régler, jusqu'aux détails les plus minu-
tieux de l'administration et de l'enseignement ;
et, de l'autre, le projet de réduire l'instruction
aux connaissances dont le despote croyait n'a-

voir rien à redouter. Ainsi, l'étude de l'histoire
n'y occupe presque aucune place, et l'on sait
que Buonaparté avait manifesté l'intention
d'en bannir celle de la logique. Les attributions
des autorités locales, même de celles qui dépendent immédiatement de l'autorité supérieure, comme les recteurs, sont très-bornées
ou à peu près illusoires; mais c'est surtout
dans la constitution du gouvernement central
que se manifestent l'esprit et l'intention de cet
homme qui regardait le despotisme comme le
seul moyen de soutenir l'usurpation. Un grand-
maître dépendant du souverain seul; absolu
dans l'exercice du pouvoir qui lui était confié;
un conseil réduit à la discussion des règlemens
généraux, au jugement des affaires litigieuses;
et sans influence réelle sur le gouvernement;
des inspecteurs généraux destinés à servir d'œil
et de bras au grand-maître, et à peu près sans
relations avec le conseil : ainsi fut conçue la
constitution universitaire. Le pouvoir résidait
uniquement dans la personne du grand-maître, qui avait les inspecteurs généraux pour ministres; et le chef de l'État n'avait ainsi qu'à
s'assurer d'un seul homme pour exercer sur
l'instruction publique une autorité sans limites
et sans contradiction.

Ce n'est pas ici le lieu de développer les con-

séquences nécessaires d'un tel ordre de choses ;
nous ne voulons qu'indiquer ce qu'était l'Université dans la pensée de Buonaparte ; et comment l'institution reçut, à son origine, l'empreinte des intentions du fondateur ; on reconnaît encore cette empreinte dans divers règlemens particuliers qui furent donnés aux écoles,
dans l'introduction des habitudes militaires, dans
le choix des sujets de composition distribués aux
élèves, etc. Ces détails du système auxquels on
a d'ailleurs attaché une importance fort exagé-
rée, n'étaient que la conséquence des principes
secrets qui avaient présidé à son établissement,
de l'état général de la France, et de l'esprit qui
dirigeait l'ensemble du gouvernement.

Heureusement l'Université n'était pas toute
entière dans ses relations avec la politique de
Buonaparte ; et, quelque part qu'ait pu avoir à
sa création cette politique insidieuse, l'institution, considérée en elle-même et dans sa
nature, contenait le germe des plus heureux
résultats.

Et d'abord elle consacrait et appliquait un
principe méconnu avant la révolution, mal
compris en 1789 et rejeté en 1793, savoir, que
l'instruction publique appartient à l'État, c'est-
à-dire, qu'il appartient à l'État d'offrir l'éducation dans des établissemens publics, à ceux

qui voudront la recevoir de lui, et de la surveiller dans les établissemens où elle est l'objet
de spéculations particulières. Quoiqu'on ait pu
dire de nos jours, en abusant de ces mots si
peu entendus, *droit* et *liberté*, il est évident,
aux yeux de tout homme raisonnable, que ce
principe ne blesse en rien la justice et sert mer-
veilleusement l'intérêt général; l'application
peut varier suivant les diverses formes de gouvernement, mais le principe reste le même;
et, dans l'état actuel de la France, il n'en est
point de plus monarchique, de plus nécessaire.
Lorsqu'un pays a été déchiré par des factions;
lorsque les destinées publiques ont été long-
temps en proie au délire des esprits et à la lutte
des intérêts, il est indispensable, pour faire
cesser ces divagations et ces combats, que
l'État influe sur l'éducation des générations
naissantes, et ne permette pas que les factions
se les partagent pour leur transmettre leurs
opinions et se perpétuer ainsi sans fin. Sans cette
précaution, on verrait s'élever, d'une part, des
écoles de révolte et d'athéisme; de l'autre, des
écoles de superstition et de servitude. Que le
gouvernement intervienne, qu'il ouvre ses
propres écoles, qu'il y fasse donner l'éducation
dans des doctrines conformes aux besoins de la
société, qu'il exerce sur toutes les écoles une

surveillance plus ou moins rigoureuse selon
la nécessité des temps ; il assurera à la fois sa
propre stabilité, l'ordre public et le repos de
l'avenir. Cette puissance convient surtout à un
gouvernement mixte et monarchique, qui a
à lutter contre des préjugés divers, et contre des théories menaçantes : elle lui fournit
mille moyens d'agir sur les mœurs, et de
convertir en attachement aux institutions
existantes, des opinions et des sentimens qui,
livrés au hasard, se tourneraient peut-être un
jour contre elles. La plupart des institutions
de Buonaparte ont été consacrées aux intérêts
du despotisme, et cependant quelques-unes
ont servi à poser les fondemens d'une sage monarchie ; on doit travailler à en chasser l'esprit
qu'il s'était forcé d'y introduire, mais non en
détruire les formes quand elles sont propres à
recevoir un esprit nouveau. Or, de toutes les
œuvres de Buonaparte, l'Université est peut-
être celle qui convient le mieux à l'état actuel
de la France et de son gouvernement ; c'est
une puissance que ne possédaient pas nos rois,
qu'il leur est utile de conserver, et que l'intérêt public ordonnerait de placer entre leurs
mains, s'ils n'en étaient déjà saisis.

C'est par cette tendance monarchique de
l'Université que s'expliquent deux de ses lois,

qui ont excité contre elle de vives réclamations,
source d'absurdes calomnies. La première est
celle qui oblige les maîtres de pensions à envoyer leurs élèves aux leçons des lycées; la
seconde, celle qui ordonne, dans toutes les
écoles, et au profit de l'Université, le prélève-
ment d'un vingtième sur la rétribution payée
par chaque élève pour son instruction.

La première de ces dispositions est une extension de ce droit d'inspection sur les pensionnats, dont nous avons fait sentir l'utilité. La
surveillance exercée, dans l'intérieur même de
ces maisons, avait surtout pour objet l'éducation proprement dite; elle était nécessairement
de peu d'effet, quant à l'instruction; car on ne
pouvait contraindre les maîtres de pension à
écarter tous les instituteurs ignorans et à n'en
employer que de capables. L'obligation qu'on
leur imposa, d'envoyer leurs élèves aux leçons
des lycées, avait pour but de remédier à la faiblesse de l'enseignement dans les pensionnats,
et de répandre les bienfaits de l'instruction très-
supérieure donnée dans les établissemens publics. Cette supériorité, qui doit évidemment
résulter de la nature même des choses, est un
fait qu'on n'a guère tenté de nier; mais on s'est
plaint de cette gêne utile comme d'une atteinte
à la liberté publique, aux droits des parens, à

ceux des instituteurs particuliers. On n'a pas
songé que les enfans, appelés à partager ainsi
l'enseignement public, ne devenaient pas pour
cela pensionnaires des écoles publiques, qu'ils
n'en recevaient pas moins l'ensemble de leur
éducation dans les pensionnats auxquels ils appartenaient, qu'ils n'en demeuraient pas moins
sous l'influence et sous la direction des maîtres
que les parens avaient cru devoir préférer ;
qu'ainsi le résultat de cette mesure n'était point
de contraindre les parens à faire élever leurs
enfans par des maîtres et dans des principes
dont ils ne voulaient pas, mais qu'elle se bor-
nait simplement à assurer la bonté et, en quelque sorte, l'égalité de l'enseignement dans tous
les établissemens d'instruction publique. S'il
est vrai, comme nous n'en doutons pas, que
l'état actuel des opinions et des mœurs ne permette pas que les maisons particulières d'é-
ducation demeurent absolument fermées au
gouvernement et affranchies de toute surveillance, les mêmes causes qui rendent cette surveillance nécessaire, expliquent et justifient
l'obligation imposée aux maîtres de pension
d'envoyer leurs élèves aux leçons des colléges
publics.

Il est probable qu'ils s'en seraient plaints
avec beaucoup moins d'amertume, si une se-

6

conde loi ne les ayait blessés plus directement
dans leurs intérêts personnels; c'est celle qui
ordonnait qu'il serait prélevé, au profit de l'Université et dans toutes les écoles, un vingtième
sur la rétribution payée par chaque élève pour
son instruction. Cette dépense retombait sur
les parens, car partout elle augmentait d'autant le prix de la pension; souvent même elle
a tourné au profit des maîtres de pension, qui,
après avoir reçu des parens la rétribution exi-
gée, ne l'ont point payée à l'Université dont
les perceptions ont été contrariées par tant de
circonstances. Mais cette disposition, en aug-
mentant les frais de l'éducation, devait diminuer partout le nombre des élèves; elle sou-
mettait d'ailleurs les maîtres de pension à une
comptabilité déplaisante; elle excita et a excité
jusqu'à ce jour les plus vives clameurs.

Le but avoué de cette mesure était de diminuer les dépenses de l'État pour l'instruction
publique, en assurant à l'Université un revenu
qui ne fût pas à la charge du trésor; la rétribution, bien que modique, devait être payée par
un assez grand nombre d'individus pour qu'on
en pût attendre un produit considérable : mais
ce n'était pas à ce produit que le législateur
attachait au fond le plus d'importance; sous ce
motif extérieur était cachée une vue politique,

sage en elle-même, et qui aurait pu produire
de bons résultats, si elle avait été complète-
ment adoptée, et si la rétribution du vingtième
des frais d'étude avait suffi pour en assurer le
succès. Quiconque a étudié ce qui s'est passé
en Europe, et surtout en France, depuis cinquante ans, a dû reconnaître les effets de cette
imprudente et inégale distribution des lumières, dont nous avons déjà parlé. La nullité
de l'instruction primaire et la prodigalité sans
convenance et sans mesure de l'instruction secondaire, ont beaucoup contribué à nos troubles civils et à nos déplorables écarts. En 1789,
il n'y avait pas assez de pauvres qui sussent lire,
et il y en avait trop qui avaient appris la rhétorique; l'ambition de ces derniers était excitée
et favorisée par des connaissances incomplètes,
qui, les dégoûtant de l'état de leurs pères sans
leur en assurer un autre, leur donnaient le besoin de s'élever par des innovations dont ils
espéraient beaucoup sans en rien redouter.
C'était surtout pour remédier à ces inconvéniens d'une instruction secondaire, à la fois
trop imparfaite et trop générale, que la rétribution du vingtième avait été établie; elle tendait à rendre cette istruction plus difficile à
acquérir, et par conséquent moins commune.
Si l'on avait pris soin en même temps de la

rendre plus complète et plus solide, si l'on
s'était appliqué à fortifier et à répandre l'instruction primaire, si l'on avait enfin embrassé
ce système dans toute son étendue, et en le
soutenant par d'autres mesures qu'il exigeait,
l'État et les citoyens mêmes auraient pu en retirer de grands avantages. Mais il n'appartenait
pas à Buonaparte de poursuivre dans l'exécution une vue si sage et si bienfaisante; son désir
était de diminuer tous les genres d'instruction,
plutôt que de distribuer aux diverses classes de
la société celle qui convient à chacune d'elles.
La taxe du vingtième était trop faible pour
exercer à cet égard une influence réelle, et ses
effets étaient plus que balancés par la multitude de bourses qu'on accordait dans les lycées
aux enfans de familles indigentes. Aussi, cette
taxe, bien que peu onéreuse, bien qu'aussi
naturelle dans son assiette et dans sa perception
que toutes les contributions indirectes, n'eut-
elle d'autre résultat que de donner à l'Université les apparences d'une administration fiscale,
apparences d'autant plus fâcheuses, que la fis-
calité convenait mal à l'esprit de ce corps, à la
nature de ses attributions et à la qualité, soit
des contribuables, soit des percepteurs. La rétribution avait d'ailleurs été établie sans loi et
par un simple décret; l'illégalité de l'imposi-

tion était un nouveau sujet de plainte; les réclamations furent si vives et ont été si fréquemment renouvelées, qu'il est désirable
qu'on adopte aujourd'hui un autre moyen de
pourvoir aux dépenses de l'instruction publique, quoique le mode de la taxe du vingtième
des frais d'étude, légalement établie, ainsi
qu'elle l'a été par la loi de finances du 28 avril
1816, soit peut-être, sinon le plus convenable,
du moins le plus sûr.

En dépit de ces réclamations intéressées, et
malgré la déplorable influence de la politique
de Buonaparte, les hommes éclairés applau-
dirent à cette première base du système de
l'Université, qui replaçait l'instruction publique dans la main de l'État, et assurait ainsi
à la France une éducation vraiment nationale. Plus de corporations divergentes et tendant à dégénérer, comme les Universités anciennes; plus d'écoles isolées et sans appui,
comme les colléges particuliers; plus de congrégations aveuglément soumises à un chef
étranger, comme les Jésuites; la nouvelle institution établissait, entre l'État et les générations
naissantes; ces liens qui fondent la perpétuité
des mœurs publiques, et donnait au gouvernement une force qui pouvait, il est vrai,
tourner momentanément au profit d'un des-

pote , mais qui , destinée à survivre au despotisme , devait être dans l'avenir un principe de
stabilité et de vigueur.

Elle contenait en même temps un principe
d'indépendance qui s'est manifesté sous l'empire
même de Buonaparte ; et n'a pas permis que
l'Université fût, entre ses mains, un instrument
aussi flexible qu'il l'aurait voulu. Si l'instruction
publique était restée soumise au gouvernement
mécanique de l'administration ordinaire, si
elle n'avait formé qu'une direction générale ,
placée immédiatement et absolument sous la
main d'un ministre, elle n'aurait jamais pu
acquérir ni consistance, ni dignité. Les intérêts
des hommes chargés de former et d'instruire
les jeunes gens , sont des intérêts d'une nature
élevée et morale, qui ne peuvent être conduits
et surveillés comme les intérêts matériels des
contributions; des douanes, des eaux et forêts,
ou des ponts et chaussées ; il faut à de tels
hommes et pour de tels travaux un gouvernement spécial , à la fois noble et libre, aux yeux
duquel ils ne soient pas de simples exécuteurs
des ordres qu'il leur transmet , et qui ait , à
leurs yeux , un autre caractère , un autre ascendant que celui du pouvoir. Ce but , dont la
nécessité résulte de la nature même des choses,
fut atteint par la constitution universitaire ;

elle plaça le gouvernement de l'instruction
publique entre les mains d'un chef célèbre
parmi les lettrés , et sous la direction d'un
conseil composé , en grande partie, d'hommes
choisis dans les sciences et dans les lettres ,
habiles dans l'enseignement, distingués par
des talens supérieurs, et mûris par une longue
expérience ; de tels hommes peuvent seuls
comprendre comment doit être exercée une
autorité qui a pour principal objet la surveillance des travaux et de la conduite d'une
multitude d'hommes éclairés ; les sujets se
trouvent ainsi honorés dans la personne de
leurs chefs , et les chefs ne peuvent se dispenser,
d'honorer les sujets, car ils doivent leur élévation à des titres du même genre. De là
doit naître, entre les supérieurs et les inférieurs , une sorte de liaison fraternelle et d'é-
galité morale , qui assure , qui légitime l'ascendant des uns , sans nuire à la dignité des
autres ; un professeur ne peut voir au-dessus
de lui que des hommes de son état , capables,
de le comprendre, et unis à lui par des intérêts
comme par des travaux communs ; il n'y a
d'ailleurs , dans le corps auquel il appartient ,
aucune place à laquelle il ne puisse espérer
d'atteindre ; tous les instituteurs , tous les professeurs , de quelque ordre qu'ils soient , sont

mis dans une certaine communauté d'avancement qui offre aux efforts les plus pénibles et
les plus obscurs, la perspective d'une grande
récompense. Par cette émulation universelle,
dans la même carrière et sous les mêmes lois,
se forme cet esprit de corps, principe d'union
et d'énergie, qui n'a que des avantages lorsqu'il
rapproche et lie entre eux les individus sans
les séparer de l'État : et pour donner à ce principe une action encore plus constante et plus
sûre, pour établir de bonne heure entre les
membres de l'Université ces liens salutaires ;
les jeunes gens et les instituteurs secondaires
qui désirent se vouer à l'enseignement, sont
réunis à Paris dans une grande École Normale,
où ils reçoivent, pendant quelques années, les
leçons des savans et des hommes de lettres les plus distingués; formés là dans les
habitudes de leur profession future, ils élèvent
leurs connaissances et leurs idées au niveau des
lumières du siècle, et retournent ensuite porter
et répandre dans les provinces les fruits de cet
enseignement supérieur.

C'est sous un gouvernement semblable
qu'ont vécu les anciennes Universités et les
congrégations, dans le temps de leur éclat ;
c'est à des ressorts de ce genre qu'ont été dus
tous les prodiges des associations religieuses et

chevaleresques. La constitution de l'Université
en a reproduit les avantages en en écartant les
dangers. Nous avons déjà vu que , placé sous
la direction du gouvernement, le corps enseignant tient de trop près à l'État pour devenir
jamais ennemi ou seulement étranger ; peut-
être craindrait-on qu'un corps semblable, dont
les membres sont formés à la même école ;
nourris des mêmes doctrines et soumis à la
même autorité, ne devînt une grande corporation exclusive, qui aurait même de plus que
les anciennes congrégations, l'inconvénient
d'être unique et sans rivales ; peut-être dirait-
on que, l'émulation étant ainsi concentrée
dans l'intérieur du corps enseignant, qui n'aurait à redouter au dehors aucune concurrence,
l'enseignement serait bientôt livré à la routine, et ne suivrait pas le progrès des connaissances générales : ces craintes seraient fondées ; aussi ont-elles été prévues. Au-dessus
des collèges sont placées les facultés, où se
donne l'enseignement supérieur, c'est-à-dire,
celui qu'il importe le plus de soustraire à la
routine et qui a surtout besoin de liberté ; or,
les chaires des facultés ne sont point données,
comme celles des colléges, par les chefs du
corps enseignant ; on les obtient par des concours, où les concurrens peuvent déployer tout

ce que les connaissances acquises ont de plus neuf et de plus sublime ; personne n'est écarté de ces concours ; aucune idée n'est interdite ni prescrite à ceux qui s'y présentent, et le public est à la fois juge de leurs talens et garant de leur légitime indépendance. C'est aux facultés des sciences et des lettres de Paris, ainsi composées, qu'appartiennent la plupart des professeurs de l'Ecole Normale; de telle sorte que les jeunes gens qui se vouent à l'enseignement dans les colléges, sont formés par des maîtres qui ne tiennent point d'un corps exclusif leurs opinions et leur existence. Parmi les fonctionnaires supérieurs de ce corps, siégent d'ailleurs nécessairement des hommes qui ont passé par les diverses facultés des académies; les nouveaux règlemens des concours ont été combinés de manière à ne pas en écarter les hommes de mérite qui craindraient de compromettre une réputation acquise. Ces hautes écoles seront donc toujours, pour l'esprit du corps enseignant, des sources de renouvellement et de vie ; elles l'obligeront de prendre part à la marche progressive des lumières, et ne permettront ni aux préjugés de le dominer, ni à la mollesse de s'établir dans son sein.

Telles sont les bases de l'Université ; tels

sont les principes fondamentaux de cette
grande institution considérée en elle-même.
On peut les rapporter à trois idées principales : 1°. Rendre l'éducation et l'instruction
publiques nationales, en en remettant la direction au gouvernement qui est le centre et
le chef de l'Etat. 2°. Réunir tous les hommes
employés dans les établissemens publics d'é-
ducation en un grand corps, constitué de manière à faire naître entre eux cette union,
cette émulation et cette énergie qui résultent de l'esprit de corps, en évitant les inconvéniens qu'entraînerait, et pour la nation
et pour le corps lui-même, un privilége exclusif. 3°. Placer le corps enseignant, non
sous la main de l'administration ordinaire,
mais sous une autorité spéciale qui lui soit
analogue ; qui ait avec lui des rapports d'intérêt et de situation ; qui puise dans ces
rapports une force et un ascendant d'une nature particulière ; qui soit propre enfin à
garantir, d'une part, au gouvernement l'influence qu'il doit exercer sur l'éducation nationale ; de l'autre, au corps enseignant, une
protection efficace, une honorable dignité
et une sage indépendance.

Certes, si une telle institution avait été
livrée à sa propre nature, si elle était née

sous un gouvernement éclairé et bienfaisant
qui n'eût consulté que l'intérêt public, et
n'eût voulu que la gloire morale et le bonheur des peuples, elle aurait produit; en peu
de temps, de si excellens effets, que la mauvaise foi la plus ennemie aurait eu peine à
les lui contester. Tel n'a pas été le sort de
l'Université; elle a porté le poids de sa triste
origine; la malveillance lui a reproché son
père, et la légèreté crédule a accueilli les
reproches de la malveillance. Nous avons déjà
vu comment, au moment même de son organisation, la politique personnelle de Buonaparte en avait altéré la nature, l'avait
assujétie à des conditions étrangères à son
objet, avait introduit dans son gouvernement
des élémens nuisibles ou inutiles, et s'était
efforcée ainsi de convertir en instrument de
despotisme une institution qui tendait à n'être
qu'un foyer de lumière, un principe d'ordre
et de régéneration. Ce fut bien pis encore
lorsque l'institution mise en mouvement
laissa entrevoir sa tendance, lorsque l'arbre
qu'on venait de planter commença à porter
ses fruits. Le despotisme s'abuse quand il
entreprend de fonder des institutions à son
usage; elles lui échappent bientôt, pour
rentrer sous l'empire des mœurs publiques et

des besoins du siècle ; il peut briser ou dompter les hommes qu'il atteint ; mais les choses ne se laissent ni corrompre ni enchaîner de la sorte, et leur développement progressif atteste bientôt l'imprévoyance et l'impuissance de celui qui a prétendu se les asservir. Buonaparte demandait à l'Université de lui fournir des générations fortes, dociles, bien disciplinées, disposées à consacrer leur science à l'exécution de ses volontés, et à placer leur énergie dans l'activité de l'obéissance ; la France voulait, au contraire, une éducation qui réconciliât la religion avec la science, l'ordre avec la liberté ; qui rendît à l'enfance des habitudes morales, qui réglât son esprit sans le paralyser ; qui remît en honneur les bonnes études, favorisât la propagation des connaissances utiles, qui satisfît enfin aux besoins des temps et à l'intérêt de tous. Placée entre la volonté du despote et la force des choses, entre un intérêt égoïste et l'intérêt public, l'Université n'hésita point ; ses chefs employèrent toute leur habileté à calmer les méfiances qu'inspirait déjà à un gouvernement ombrageux l'institution naissante, et à protéger sans bruit le développement des bons principes qu'elle contenait. Un exposé rapide des principaux faits fera connaître le mérite et l'utilité de leurs efforts.

Trois grands objets appelaient l'attention et les soins du grand-maître et du conseil : 1°. les rapports de l'instruction publique avec la religion et ses ministres ; 2°. les études ; 3°. le choix des hommes employés ou à employer dans les établissemens d'éducation.

Si Buonaparté eût pu réduire la religion à n'être qu'un principe d'ordre et d'obéissance, ou s'il eût pu y puiser les moyens d'exciter en sa faveur un fanatisme aveugle, il eût tout fait pour la remettre réellement en crédit et en honneur: mais en même temps que la religion prêche la soumission au souverain et aux lois, en même temps qu'elle s'oppose à la licence et à l'anarchie, elle réveille et fortifie dans le cœur de l'homme le sentiment de sa dignité, de ses obligations morales, et, par là force qu'elle prête à la voix de la conscience, elle lui inspire le besoin de cette indépendance légitime à laquelle il ne renonce que lorsqu'il ne trouve plus en lui-même rien qui mérite d'être honoré et défendu. Le siècle excluait le fanatisme religieux, mais il appelait l'esprit religieux et moral ; et c'était là précisément ce que Buonaparte craignait le plus ; il eût voulu de la religion ce qu'elle ne pouvait plus être ; il n'en voulait pas ce qu'elle peut et doit être

désormais. Les institutions et les idées religieuses rappelaient d'ailleurs le souvenir des
temps passés et de l'ancienne monarchie; nouvelle cause de soupçon et d'inquiétude pour un
gouvernement qui n'avait de racines que dans
la révolution. Buonaparte était de plus entouré
d'un certain nombre d'hommes qui avaient
hérité de cette révolution des préjugés qu'ils
appelaient des lumières, et pour qui le retour
des principes religieux était un sujet de scandale, aussi-bien que de mécontentement. Enfin
les hommes qui, en revanche, désiraient le
rétablissement des doctrines et des habitudes
religieuses, plus zélés qu'éclairés, peu disposés à comprendre le véritable esprit du siècle,
et à lui présenter ces habitudes et ces doctrines
de la manière la plus propre à les lui faire adop-
ter, semblaient quelquefois prendre soin, par
leurs imprudences et par leurs erreurs, de justifier eux-mêmes les craintes et les attaques de
leurs adversaires.

C'est au milieu de tant d'obstacles divers,
c'est au milieu des méfiances de Buonaparte,
des dénonciations d'une impiété clairvoyante
et des plaintes d'une piété aveugle, que l'Université a travaillé à réconcilier la religion avec
la science, à faire rentrer l'esprit religieux
dans l'éducation, à rétablir dans les colléges

les usages et les exercices qui pouvaient en favoriser le retour.

Dès les premiers pas de son administration, une circulaire du grand-maître appela la surveillance des curés sur les écoles des campagnes, et réclama leur intervention pour le choix des instituteurs; cette disposition si naturelle, que le Roi vient de confirmer et de développer par son ordonnance du 29 février 1816, pouvait paraître alors une imprudence; elle excita de vives réclamations, surtout de la part des autorités administratives qui voulaient conserver seules la direction de l'instruction primaire, que cependant elles négligeaient presque partout. Malgré ces réclamations, l'impression qu'avait produite cette première démarche de l'Université eut d'heureux effets dans plusieurs départemens : l'instruction primaire s'améliora, et les pasteurs des campagnes en reçurent quelque accroissement d'influence et de considération.

L'article 109 du décret du 17 mars 1808 plaçait les frères des écoles chrétiennes sous la surveillance de l'Université, et chargeait le conseil de revoir et d'approuver leurs statuts. Le grand-maître usa de ce droit pour protéger partout les frères des écoles, et pour soustraire leurs novices et leurs jeunes maîtres aux lois de la conscription, comme aux vexations des autorités militaires. Des secours d'argent distribués dans les maisons qui formaient de nouveaux sujets, contribuèrent à étendre les bienfaits de l'institution; et le nombre des écoles des frères a été triplé sous le régime de l'Université.

Une disposition du premier règlement sur la police des lycées, porte « que l'on se conformera, pour l'enseignement et pour les » exercices de la religion, autant qu'il sera » possible, aux usages suivis dans les anciens » colléges de l'Université de Paris. » Ce texte si court, et qui pourtant renfermait alors des innovations si hardies, fut développé par des instructions données aux inspecteurs, par des circulaires du grand-maître; et le règlement de 1814, où il était permis de s'exprimer avec plus de détail et de liberté, n'a fait que rappeler ce qui se pratiquait depuis long-temps.

Les lois sur l'instruction publique ne reconnaissaient pas les petits séminaires comme des écoles indépendantes de l'Université; nous avons déjà expliqué quelles causes avaient amené la fondation des petits séminaires, quel était leur but avoué, et comment ils s'étaient étendus par degrés fort au-delà de leur destination lé-

7

galé et primitive. Le clergé ne vit qu'avec
peine les petits séminaires soumis à la juridiction de l'Université; ses préventions, fondées
sur le passé, étaient légitimes; peut-être aussi
ses prétentions étaient-elles déraisonnables et
contraires à son propre intérêt comme à celui de
l'État: l'esprit qu'annonçait le corps enseignant
aurait dû détruire ses craintes; elles ne cédèrent
pas davantage à de franches explications; l'indépendance des écoles ecclésiastiques paraissait
l'unique moyen d'y retenir la confiance. Les
relations du grand-maître avec les évêques, à ce
sujet, ne furent qu'une suite de déférences et
de procédés; il maintint les droits de l'Université, mais en n'exerçant sur les petits séminaires qu'une surveillance de pure protection.
Aucun, durant six années, n'a été visité par les
inspecteurs, si ce n'est du consentement ou
d'après l'invitation des évêques. C'était encore
les évêques qui en nommaient les directeurs et
les régens, dont ils envoyaient seulement la
liste au grand-maître. La plupart des élèves
étaient exemptés de la rétribution. L'intérêt
des études a même été sacrifié plus d'une fois
à ces égards respectueux. Enfin, lorsque, par
le décret du 15 novembre 1811, le gouverne-
nement réduisit le nombre des petits séminai-

rés à un par département, et donna à l'Université les biens meubles et immeubles de ceux qui
seraient supprimés, l'Université reçut l'ordre de
saisir ces biens; les procureurs impériaux furent
chargés d'en surveiller l'exécution; et, cependant, toutes les propriétés des petits séminaires ont été respectées. Ce fait résulte de la correspondance du grand-maître et des actes du
conseil. La dernière ordonnance royale, pro-
voquée par la commission de l'instruction publique, n'a eu d'autre effet que de faire rentrer
l'évêque de Limoges dans la propriété d'un
bâtiment en construction, dont l'Université n'a
jamais retiré aucun produit, et qui, alors, fût
retourné au domaine, si elle s'en fût dessaisie.

C'est ainsi que, toujours occupée, soit à an-
nuler la mauvaise volonté du gouvernement,
soit à suppléer à sa négligence; obligée, d'une
part, de répondre devant le conseil d'État
(Voyez les procès verbaux des séances du conseil d'État, en mars et avril 1811), aux dénonciations des hommes qui l'accusaient d'introduire dans les écoles un esprit superstitieux et
une discipline monastique; réduite, de l'autre,
à réfuter, par ses œuvres, les plaintes de ceux
qui prétendaient qu'elle ne faisait enseigner
que l'incrédulité, et pratiquer que la licence;
forcée de dissimuler au gouvernement le bien

. qu'elle faisait afin de conserver les moyens de
le faire, et mise par-là dans l'impossibilité de
repousser publiquement les imputations les
plus absurdes, l'administration de l'Université
n'a cessé de protéger et de propager les principes religieux, les habitudes pieuses, les bonnes
doctrines morales, et dans les écoles dont elle a
respecté l'indépendance, et dans celles qu'elle
a formées, et par ses instructions, et par sa surveillance, et par son enseignement.

Il serait étrange, en vérité, que, sans se
borner à ne lui tenir aucun compte du bien
qu'elle a fait, on lui demandât compte de celui
qu'elle n'a pu faire ; il serait étrange qu'une
conduite qui lui a attiré sous Buonaparte tant
d'accusations, devînt aujourd'hui l'objet d'accusations directement contraires, et qu'on re-
gardât maintenant comme révolutionnaire et
irréligieuse, une institution que les révolutionnaires et les impies ont si souvent taxée d'être
trop favorable à la réaction politique et religieuse
contre la révolution. De telles imputations ne
peuvent être que le résultat de l'esprit de parti
et de l'ignorance; elles se détruisent réciproquement, et sont également démenties par
les faits. Peut-être même, en pénétrant dans le
fond des choses, trouverait-on que les plaintes
qui se sont élevées récemment contre l'Uni-

versité, ont des causes aussi peu légitimes et
aussi peu honorables que celles dont elle ayait
été l'objet avant la restauration. Il est des gens
qui voudraient que l'éducation publique fût,
non pas religieuse, mais superstitieuse, non
pas forte et morale, mais asservie aux plus mi-
sérables préjugés; ces hommes-là pensent que
la science ruine les mœurs, que les lumières
perdent les États, que la raison tue la religion,
que, hors de la servitude d'esprit et de l'ignorance, il n'y a de salut ni pour la morale, ni
pour l'autel, ni pour le trône, et que, pour
prévenir le retour des révolutions, il faut reve-
nir sans réserve aux lois et aux usages des temps
passés qui, cependant, les ont amenées. Aux
yeux de ces hommes, l'Université est, en effet,
très-coupable, car elle n'a point voulu ce qu'ils
veulent; elle n'a point fait ce qu'ils désirent;
elle n'a pas cru que l'instruction publique eût
pour objet de maintenir et de propager l'ignorance; que des chaires de philosophie et de
logique fussent instituées pour asservir la raison; elle n'a point interdit aux mathématiciens
l'enseignement des mathématiques, aux physi-
ciens celui de la physique, aux jurisconsultes
celui du droit des gens, aux médecins celui de
l'anatomie; elle n'a point travaillé à ressusciter
la superstition et le fanatisme; elle a favorisé

le progrès de toutes les sciences et de toutes les
lumières. Si c'est là ce qu'on lui reproche, elle
peut avouer et proclamer elle-même ses torts;
elle n'a pas besoin de s'en défendre.

Lors de son institution, les bonnes études
commençaient à renaître; ou plutôt le besoin
s'en faisait généralement sentir. Les études
classiques en particulier, beaucoup trop négli-
gées depuis la révolution, appelaient l'attention des chefs de l'Université; partout, et en
peu de temps, elles furent remises en honneur;
les livres classiques furent répandus avec profusion; l'ordre fut rétabli dans les classes; le
zèle des professeurs seconda puissamment celui
de l'administration; la publicité et l'éclat des
concours annuels ranimèrent et entretinrent
l'émulation des élèves. Les résultats de ces travaux sont connus et incontestables; l'étude du
grec surtout s'est étendue et perfectionnée fort
au-delà de ce qu'elle était dans les anciens
collèges; et les hommes même qui autrefois
avaient obtenu les palmes de l'Université de
Paris, ont été forcés de reconnaître que les
nouveaux collèges soutenaient avec beaucoup
d'avantage la comparaison.

Notre propre littérature est redevenue fa-
milière aux jeunes gens. Les chefs-d'œuvre du
siècle de Louis XIV ont été les modèles pro-

posés à leur admiration et à leurs études; ils
y ont appris à sentir et à chérir la gloire littéraire de l'ancienne monarchie, dont ces chefs-
d'œuvre reproduisent partout les souvenirs et
les images. Plus d'une fois l'esprit de parti a
trouvé mauvais que les ouvrages de Bossuet,
de Pascal, de Fénélon, de Massillon, fussent
mis habituellement sous les yeux des élèves;
il redoutait l'influence que le génie de ces
grands hommes pouvait exercer sur les opinions des générations naissantes; mais ce que
redoutait l'esprit de parti était précisément ce
que désirait l'Université; et, en considérant
quels élèves sont déjà sortis de ses écoles, elle
doit s'applaudir du succès de ses soins. · · ·

· Dans les sciences, les encouragemens de
l'Université ont amené la publication d'un
grand nombre d'excellens ouvrages élémentaires qui en ont facilité l'étude, étendu l'application, et, par-là, favorisé les progrès. · · ·

· S'il y a, à notre avis, quelque reproche à
faire à l'Université au sujet des études, c'est
d'avoir trop restreint les objets de l'enseignement, et de ne lui avoir pas donné, soit dans
les facultés, soit dans les collèges, l'étendue et
la richesse que comportent, qu'exigent même
les besoins de la société et les lumières du siècle. Les sciences naturelles et les sciences his-

toriques n'y occupent presque aucune place ;
l'étude de l'antiquité y est incomplète ; celle
de la langue et de la littérature des peuples
étrangers en est à peu près bannie. Dans les
facultés de Droit, les principes et l'histoire
du droit en général, ceux même de l'ancienne
jurisprudence française en particulier, ne sont
nullement enseignés. Ce sont là de véritables
et importantes lacunes qui n'existent pas dans
la plupart des grands établissemens d'instruction de l'Europe, et qu'il eût été nécessaire de
remplir. Mais ce reproche s'adresse moins à
l'Université qu'à son fondateur ; on retrouve ici
l'empreinte de cette politique étroite et om-
brageuse, qui redoutait et écartait tout ce dont
elle n'attendait pas un avantage personnel, et
ce qui aurait pu rendre les hommes plus diffi-
ciles à tromper et à asservir.

C'est contre cette même politique que le
chef de l'Université eut constamment à lutter
pour la partie la plus importante peut-être de
son administration, le choix des hommes.
Deux grandes réformes étaient à faire, à ce sujet,
dans l'instruction publique ; par l'une, devaient en être écartés beaucoup d'hommes qui
s'y étaient introduits dans des temps où la licence de la conduite et des opinions était un
titre à la préférence ; par l'autre, devaient y

être rappelés des hommes que leur état, leur
caractère ou leurs principes en avaient fait
bannir. Bien que le retour de l'ordre fût favorable à de tels changemens, de nombreux obstacles s'y opposaient; les hommes dont il fallait
purger l'instruction publique étaient en grand
nombre, disséminés dans presque tous les
établissemens, et soutenus par des protecteurs
puissans auxquels ils avaient été unis par les
relations révolutionnaires; ceux qu'il fallait y
rappeler étaient l'objet de la méfiance, tant du
gouvernement lui-même que du parti qui les
avait long-temps opprimés; une police ombra-
geuse épiait ces prêtres revenus de l'exil, ces
anciens proscrits dont on redoutait les regrets
et les souvenirs, et qui cherchaient à se réfu-
gier dans un corps où du moins l'on ne mettait
d'autre condition à un traitement modeste que
le travail utile et les services rendus à la société.
Les destitutions et les nominations donnaient
également lieu aux soupçons, aux plaintes et
aux accusations les plus perfides. Le chef de
l'Université ne se laissa ni effrayer par tant de
difficultés, ni rebuter par les combats dans lesquels elles l'engagèrent. Il commença par faire
visiter avec soin les pensionnats; un comité
d'inspecteurs généraux fut chargé d'examiner
les maîtres d'études ou répétiteurs que s'adjoi-

gnaient les chefs de ces maisons, et de surveiller des choix qui, jusqu'alors, n'avaient été décidés que par le bon marché. Telle fut l'activité de ce comité, qu'en deux années il fit exclure
des seules pensions de Paris près de quatre
cents de ces maîtres sans aveu, dont l'ignorance
et les mœurs grossières étaient les moindres inconvéniens. Des pensionnats on passa aux lycées et aux colléges municipaux; il fut impossible d'y opérer une réforme aussi complète et
aussi sévère que l'eût exigé l'intérêt de la morale publique et de l'éducation. Cependant les
changemens furent très-nombreux; quelques
hommes que repoussait l'opinion reçurent une
pension de retraite; d'autres, moins coupables
ou moins connus (et c'était le plus grand nombre) furent appelés aux chaires des facultés; il
en résultait pour eux un avancement qui, en
satisfaisant leur intérêt et leur amour-propre,
les enlevait à des fonctions actives où ils auraient exercé sur l'enfance une influence directe et dangereuse. D'ailleurs, l'esprit que ma-
nifestait la nouvelle administration pénétrait
dans les établissemens soumis à sa surveillance,
modifiait les opinions des directeurs et des
maîtres, ou les obligeait du moins à dissimuler
celles dont on aurait pu craindre la propagation. Enfin la nature et la bonté des nouveaux

choix, en indiquant clairement la tendance et
le vœu de l'Université, y appelèrent tous les
hommes qui pouvaient l'épurer et l'honorer.
Des ecclésiastiques éclairés furent placés de
préférence à la tête des établissemens; les
membres des anciennes congrégations s'em-
pressèrent d'offrir le tribut de leur expérience
et de leur zèle; ils furent reçus avec reconnaissance. L'indépendance des caractères ne fut
point contrainte de s'abaisser sous des conditions honteuses; les opinions ne furent point
soumises à un contrôle repoussant; le silence
fut permis à l'homme de bien qui n'eût voulu
ni louer ce qu'il blâmait, ni flatter ce qu'il n'ai-
mait point; une protection bienveillante mettait son obscurité à l'abri des soupçons et des
exigeances du despotisme. C'était peu de l'a-
voir choisi, de lui avoir assigné sa place; il fallait encore le défendre; et, le plus souvent, il
ignorait lui-même dans quelles luttes s'était
engagée pour lui l'autorité courageuse qui
avait prévu, en l'appelant, à quelles attaques
elle s'exposait. Il est tel ecclésiastique de la
Basse-Bretagne, qui, dans le petit collége qu'il
dirige aujourd'hui, ne sait pas que sa justifica-
tion a quelquefois plus sérieusement occupé le
grand-maître, que les soins d'une administration étendue et trop embarrassée dans les dé-

tails. Et ce n'était pas seulement sur les ecclésiastiques ou sur les anciens proscrits, c'était
sur tous les hommes instruits et honorables,
capables de bien servir, mais incapables de con-
sentir à servir contre leur opinion et leur conscience, que se dirigeait cette bienveillance active et soigneuse, qui, en faisant beaucoup
pour eux, semblait s'excuser, par l'estime et les
égards qu'elle leur témoignait, de ne pouvoir
faire davantage. Tous les honnêtes gens trouvaient, dans l'Université, accueil, faveur, protection; et, loin d'être obligés, en y entrant,
de renoncer à eux-mêmes, ils y vivaient en
paix et à l'aise, dans une atmosphère douce et
libre, bien différente de celle qui pesait alors
sur toute la France. Certes, nous sommes encore trop près de ces temps d'oppression et de
lâcheté, pour ne pas conserver un souvenir
très-vif de ce généreux dévouement à la cause
de tous les opprimés, qui a encouragé et défendu tant d'hommes recommandables; ceux
qui, désormais, vont continuer la carrière de
l'instruction sous de meilleurs auspices; ceux,
enfin, qui décrient aujourd'hui l'institution qui
les a protégés.

Ainsi a été gouvernée l'Université; ceci
n'est point son apologie, mais son histoire.
Nous l'avons considérée et dans ses principes

et dans son application; les principes et les faits prouvent également que les bons résultats ont été dus, soit à la nature de l'institution elle-même, soit aux hommes qui l'ont dirigée; le reste doit être imputé aux intentions particulières du fondateur et au malheur des temps. Croit-on qu'il fût aisé de se soustraire absolument à cette triste influence? Nous demandons en vain à notre mémoire l'exemple d'une résistance plus opiniâtre et plus heureuse: et cependant, au milieu des triomphes du despotisme; les âmes qu'il n'avait pu dompter, cherchaient avidement quelque apparence consolante; et, dans un abaissement si général, le moindre acte de dignité et de courage échappait difficilement aux regards. Nous ne craignons pas de le dire, de toutes les administrations, l'Université nous paraît celle qui a recueilli, protégé et conservé le plus de nobles souvenirs et d'honorables indépendances. Sans doute elle n'a ni tout empêché ni tout fait; sans doute elle n'a pu être complétement elle-même; on peut lui reprocher et des vices d'organisation et des erreurs de conduite; nous ne les avons point passés sous silence; mais, grâces au ciel, le remède est aujourd'hui presque aussi facile que le reproche. Déjà, depuis 1814, d'abord par les soins du grand-maître et du

conseil, ensuite par ceux de la commission
royale d'instruction publique qui leur a succédé, la plupart des vices ont disparu ; d'utiles
modifications ont été apportées dans l'administration et dans l'enseignement, dans les
choses et dans les hommes. Quand nous au-
rons retracé en peu de mots ces changemens
et leurs conséquences, il nous sera facile
d'indiquer sur quelles bases doit être fondé,
à notre avis, un système d'éducation nationale
et d'instruction publique, digne de notre
siècle, de la France et de son Roi.

CHAPITRE V.

Des changemens survenus dans l'Instruction publique depuis la restauration.

Nous venons de voir quels furent, à l'époque de la restauration, les reproches qui s'élevèrent contre l'Université; le simple exposé des faits a suffi pour en montrer la légéreté et la source. Les uns s'expliquaient par l'intérêt personnel; les autres pouvaient être excusés par la bonne foi de l'ignorance. L'Université dédaigna de répondre aux premiers, et confia au temps la réfutation des seconds. Elle ne s'occupa que du soin de préparer elle-même la réforme des vices d'organisation qui ne pouvaient être contestés, et de prouver, par sa conduite, la fausseté des accusations dont elle était l'objet. Une ordonnance du Roi, en date du 22 juin 1814, prescrivit le maintien de l'administration existante, et l'observation des règlemens alors en vigueur. Dans le mois d'août suivant, les inspecteurs généraux, envoyés en tournée, reçurent du grand-maître des instructions fort détaillées sur l'objet de leur mis-

sion; sur les moyens de découvrir et de corriger les abus qui pouvaient exister encore dans
l'éducation, et, en particulier, sur la nécessité
d'éloigner des colléges les élèves dont la mauvaise conduite, ne laissant nul espoir d'amen-
dement, eût exercé une fâcheuse influence.
Ces instructions, qui, n'étant point destinées
à devenir publiques, ne pouvaient avoir été
concertées dans cette intention, portent un
caractère religieux, moral et raisonnable, d'autant plus remarquable, que l'Université n'en
faisait nul usage pour se défendre et se justifier.
En même temps, des mesures prises avec sagesse éloignèrent des établissemens publics les
principaux d'entre les hommes qu'on avait été
forcé d'y souffrir. Enfin, un statut, rendu le
28 septembre, par le conseil, sur la proposi-
tion du grand-maître, apporta, dans la discipline et dans les études des colléges, les amé-
liorations les plus urgentes. Du reste, ce statut,
comme nous l'avons dit, d'accord avec l'esprit
qui n'avait cessé d'animer l'institution, ne fit,
à beaucoup d'égards, qu'exprimer ce qui se
pratiquait depuis long-temps.

Cependant l'opinion publique semblait appeler des réformes plus considérables. La cherté
de l'administration supérieure excitait des réclamations auxquelles il était assez difficile de

répondre ; le silence sur l'illégalité de la taxe
du vingtième des frais d'étude n'était plus ni
prescrit ni possible. Les souvenirs d'un gouvernement oppresseur poursuivaient une institution qui avait été son ouvrage, et elle se
trouvait enveloppée dans une sorte de réaction, plus légitime dans son principe qu'équi-
table dans son étendue. Comme une partie du
bien que l'Université avait fait, était plutôt le
résultat de sa tendance générale et de sa direction secrète, que l'effet évident de travaux
publics et connus, elle avait, dans sa situation
défensive, de grands désavantages. Le système
de l'unité essuyait de vives attaques; les autorités locales, comme les instituteurs particuliers, réclamaient plus d'indépendance; la
concentration presque absolue du pouvoir
dans la main d'un seul chef, paraissait sujette à
de graves inconvéniens; et plus elle pouvait
entraîner d'abus réels, plus elle en faisait supposer d'imaginaires. Le besoin le plus vif qui
se fit sentir alors, c'était de voir anéantir
jusqu'à la possibilité d'un despotisme semblable
à celui qui venait de finir : l'état extérieu-
rement calme et régulier de la France semblait permettre le partage du pouvoir entre
un certain nombre d'autorités particulières,
moins étroitement dépendantes de l'autorité

8

souveraine; on en espérait plus d'émulation et d'énergie. Cette espérance, adoptée
par beaucoup d'hommes éclairés, se confon-
dait avec les intentions, bien différentes
dans leur principe, de ceux qui désiraient
l'entier rétablissement de l'ancien système
d'instruction publique. On pouvait ainsi se
flatter qu'en multipliant le nombre des Universités, en resserrant ou plutôt en élevant les
attributions de l'autorité centrale, en donnant
aux autorités locales plus d'importance et de
priviléges, on parviendrait à concilier beaucoup de prétentions diverses, et à faire cesser
beaucoup de réclamations.

Tels furent le principal motif et l'idée fondamentale de l'ordonnance du 17 février 1815;
elle eut pour objet d'adapter l'Université aux
vœux de la France et aux besoins du temps,
en conservant, de cette grande institution, tout
ce qu'il paroissait possible de défendre et utile
de maintenir. La libéralité de la plupart de
ses dispositions, et la munificence vraiment ad-
mirable avec laquelle le Roi voulut pourvoir,
sur les fonds de la liste civile, aux dépenses
de l'instruction publique, que la suppression
de la rétribution du vingtième privait de ses
ressources, en manifestent clairement la tendance et le caractère. Comme cette ordonnance

n'a reçu aucune exécution, il serait inutile
aujourd'hui d'en examiner les défauts et les
mérites. D'ailleurs, les événemens qui sont survenus depuis cette époque, ont apporté dans
notre situation de tels changemens, ou plutôt ils ont si violemment développé et mis
au jour avec tant d'évidence le véritable état
de la France en 1814, que l'opinion publique
et les idées des hommes éclairés sur le système
d'instruction publique le plus convenable, en
ont été rectifiées et modifiées à beaucoup d'é-
gards. Or, ce n'est plus que dans notre état
présent, dans les élémens qu'il nous fournit
et dans les conditions qu'il nous impose, qu'il
faut chercher la solution de cette grande question.

En juillet 1815, il n'était possible ni de
mettre l'ordonnance du 17 février à exécution,
ni de la remplacer par des dispositions nouvelles ; toute l'attention du gouvernement était
sollicitée par des intérêts plus urgens ; l'état
des finances ne permettait pas de puiser des
fonds dans le trésor pour les consacrer à l'instruction publique ; après une secousse si récente
et si cruelle, tout espoir d'améliorer devait
être sacrifié à la nécessité de conserver et de
réparer : on n'eût pu, sans une haute imprudence, au moment où toutes nos institutions

semblaient menacées , ébranler encore une
institution particulière, et accroître, dans une
nombreuse classe de citoyens, des incertitudes
que rendait déjà si vives la situation générale
du royaume. Le Roi , par son ordonnance du
15 août, confia l'administration de l'instruction publique à une commission investié de
toute l'autorité que les décrets avaient attri-
buée au grand maître et au conseil de l'Université. En maintenant ainsi ce qui existait , et en remettant toute innovation à
des temps plus calmes, le Roi prouvait qu'il
ne voulait ni supprimer l'Université , ni
changer légèrement une institution si importante. Cette mesure était très - propre à
rassurer les familles et les membres du corps
enseignant ; elle prévenait toute inquiétude
sur l'existence des établissemens, et toute interruption dans les études; elle procurait en
même temps au gouvernement les moyens de
faire, sans violence , dans les choses et dans
les hommes , les changemens qu'il jugerait
nécessaires, et de préparer le système de l'instruction publique à recevoir sans péril les
modifications que, plus tard, on croirait devoir lui faire subir.

La nouvelle commission ne tarda pas à ma-
nifester l'esprit qui devait diriger ses travaux.

Sa circulaire du 28 août, adressée aux recteurs d'académies, et qui est venue à notre connaissance, en donne, à notre avis, une idée si nette, que nous croyons devoir en transcrire quelques passages. « Cette forme nou- » velle de l'administration, y est-il dit, n'a » rien qui doive alarmer les membres du corps » enseignant. Fidèle aux intentions d'un gou- » vernement paternel, la commission ne per- » dra jamais de vue qu'elle n'est instituée que » pour conserver et pour réparer. Tout ce qui » est bien, tout ce qui est utile, tout ce qui » est honorable, doit être protégé et encou- » ragé sous un monarque qui veut faire régner » avec lui les vertus et les lumières. Il

» Les services rendus seront pour nous le » gage le plus certain des services que l'on » pourra rendre encore; l'ordre d'ancienneté » sera donc consulté pour toutes les propositions » d'avancement que vous nous adresserez. Des » motifs puisés dans une utilité évidente justi- » fieront seuls les exceptions; et si l'intérêt de » la jeunesse, notre première loi, réclame des » mesures sévères, la commission alors ne fera » qu'exécuter des jugemens prononcés d'avance » par l'opinion publique.

» De pareils exemples seront sans doute en » petit nombre : nous en trouvons l'assurance

» dans les témoignages qui nous sont parve-
» nus sur la noble conduite de la plupart des
» fonctionnaires de l'enseignement. A la vé-
» rité, des circonstances fatales ont quelque-
» fois trompé leurs efforts et leur zèle. La voix
» des maîtres sages pouvait-elle être entendue,
» lorsque ceux qui se disaient les chefs de l'État
» proclamaient la révolte au nom de la patrie,
» cherchaient des complices dans les asiles de
» la jeunesse, et corrompaient des enfans pour
» en faire de mauvais citoyens? Les résultats
» de cette politique impie ne se sont que trop
» étendus, et la grandeur du mal ne laisse plus
» désormais le choix du remède.

» Il devient nécessaire que les élèves con-
» vaincus d'avoir pris une part active aux
» scènes de désordre et de scandale qui ont
» troublé les établissemens placés sous votre
» surveillance, soient renvoyés sur-le-champ :
» cette mesure d'ordre est indispensable ; nous
» en confions l'exécution à votre sagesse. Vous
» discernerez, parmi les torts, ceux qui peu-
» vent être excusés par la séduction ou rache-
» tés par le repentir : trop d'indulgence serait
» aussi nuisible que trop de sévérité. L'expul-
» sion d'un élève incorrigible est un acte de
» justice envers la société et les familles hon-
» nêtes.

» Cependant ces moyens extérieurs ne ré-
» tabliront qu'un ordre extérieur. La bonne
» discipline et les bonnes mœurs ont besoin
» de garanties plus sûres. C'est dans la con-
» science, c'est dans le sentiment profond du
» devoir qu'il faut les placer. Répétons-le au-
» jourd'hui que nous jouissons de cette liberté
» qui consiste à dire franchement ce qui est
» vrai, et à faire avec simplicité ce qui est
» bien; l'éducation, pour être morale, doit
» être religieuse. Que cette pensée inspire et
» dirige tous les maîtres ! Que les élèves, avec
» les avantages d'une instruction variée, rem-
» portent de nos écoles des principes de con-
» duite et des habitudes salutaires !

» Les pratiques qui doivent accompagner
» les différens mouvemens de la journée, les
» exercices qui doivent remplir les jours plus
» spécialement consacrés à la religion ou à
» l'enseignement religieux, sont prescrits dans
» les règlemens des colléges. Vous aurez soin
» qu'ils soient exactement suivis. Vous rappel-
» lerez surtout aux maîtres chargés d'en sur-
» veiller l'observation, que ce qu'il y a de plus
» important dans une institution morale ne
» peut pas être écrit, etc. »

Des principes si modérés et si fermes, si religieux et si raisonnables, devaient exciter et

diriger le zèle des maîtres, inspirer aux élèves une crainte salutaire, et ranimer la confiance des familles. Tout nous autorise à croire que, dans l'application, la commission ne s'en est point écartée. Une courte analyse de ses travaux en fera sentir l'étendue et l'utilité.

Le nombre des facultés des sciences, et surtout des facultés des lettres, était trop considérable; la plupart de ces facultés n'avaient presque point d'auditeurs, et les professeurs se trouvaient ainsi oisifs et inutiles. Après avoir mûrement examiné quelle était la distribution la plus convenable de ces grands établissemens, la commission, par un arrêté du 31 octobre 1815, a supprimé dix-sept facultés des lettres et trois facultés des sciences. Cet arrêté, d'où résultait une économie importante qui ne faisait aucun tort à l'enseignement, a été confirmé par une ordonnance du Roi, en date du 8 janvier 1816.

Les circonstances politiques rendaient indispensable, dans l'administration de l'instruction publique comme dans toutes les autres, l'éloignement des hommes qui, par leur conduite ou leurs opinions, avaient prouvé eux-mêmes, au public et à leurs supérieurs, que leur influence serait dangereuse pour l'État et pour les élèves. Cette mesure, qui ne saurait

être efficace qu'autant qu'elle est juste, et dont
la nécessité a si bien fait sentir la difficulté, a
été l'objet de tous les soins de la commission.
Dans l'administration générale, neuf recteurs,
entre vingt-cinq, et cinq inspecteurs d'académies ont été remplacés. Dans les colléges
royaux, trois proviseurs, un censeur, trente-
six professeurs, trois économes, et un très-
grand nombre de maîtres d'études, ont été destitués; quatre proviseurs, cinq censeurs, vingt-
trois professeurs ont été suspendus ou déplacés; plus de trois cents élèves boursiers ont été
renvoyés. Dans les colléges communaux, dix-
huit principaux et cent quarante régens ont été
destitués, suspendus ou déplacés. La suppression de la plupart des facultés des lettres et des
sciences a dispensé la commission d'examiner
la conduite des professeurs attachés à ces établissemens. Dans les facultés de droit et de
médecine, neuf professeurs ont été suspendus.

Telles sont les premières réformes dont il
fut rendu compte à une commission de l'ancienne Chambre, chargée d'examiner une pro-
position de l'un de ses membres, relative à
l'instruction publique. Il y a lieu de croire que
ces réformes ont été suivies de quelques autres,
amenées par le temps et par une connaissance

plus exacte de la conduite et des opinions morales et politiques des hommes.

L'École normale, ce bel et important établissement, qui assure au Roi, dans la carrière de
l'instruction publique, des sujets dévoués, et,
à la nation, des maîtres religieux et habiles,
a reçu une organisation plus complète et plus
régulière; en vertu des nouveaux règlemens,
la discipline y est devenue plus exacte, l'enseignement intérieur plus fort, le travail plus
assidu; un mode convenable d'admission a été
déterminé; le séjour que doivent y faire les
élèves a été prolongé d'une année. Tous ceux
qui connaissent ou qui ont visité avec soin
cette grande école, à laquelle les hommes les
plus distingués dans les sciences et dans les
lettres donnent des leçons, ont été aussi frappés
de la gravité des mœurs que de la force des
études. Elle peut encore recevoir des perfec-
tionnemens que la marche naturelle des choses
doit amener.

La discipline et le régime intérieur des colléges ont été surveillés avec la plus scrupuleuse
exactitude. Un pensionnat royal, où le mal
était trop grand pour qu'on pût espérer de
le guérir, a été licencié. Partout où se sont
manifestés quelques désordres, ils ont été

promptement et sévèrement réprimés. La
même attention a été portée sur les pensionnats extérieurs, qu'il était aussi difficile que
nécessaire de ramener à l'observation des règlemens. Les études, qui avaient souffert de
l'agitation causée par les derniers événemens,
ont été reprises avec activité. Les nouveaux
choix qui ont été faits, ont appelé dans la carrière de l'instruction publique, des hommes
aussi capables de la diriger que propres à l'honorer. Elle compte aujourd'hui, dans ses établissemens, plus de six cents ecclésiastiques
pieux et éclairés, vivant sous l'habit et dans les
mœurs de leur état.

C'est au milieu des calomnieuses attaques
de la mauvaise foi et des préventions absurdes
de l'ignorance, c'est en dépit d'un embarras de
finances auquel les nécessités publiques n'ont
pas encore permis de mettre fin, que la commission royale de l'instruction publique a conservé et amélioré les nombreux établissemens
confiés à ses soins. Telle a été l'histoire, tel est
aujourd'hui l'état de ce grand système d'instruction publique, que le gouvernement du
Roi se prépare, dit-on, à consolider et à per-
fectionner. Ce qui existe servira sans doute de
fondement à ce qui doit être ; nous avons essayé
d'exposer les principes et de rappeler les faits ;

qu'il nous soit permis d'indiquer encore les principales questions qui se présentent, et de dire par quels moyens on peut, à notre avis, terminer enfin la construction d'un édifice déjà si avancé.

CHAPITRE VI.

Quel est, entre les divers systèmes d'Instruction publique,
celui qui convient le mieux à l'état de la France, et
quels en sont les fondemens.

Il n'y a que deux grands systèmes d'instruction
publique. Dans l'un, l'éducation et l'instruction, étrangères au gouvernement de l'État,
sont abandonnées, soit à des corporations indépendantes, soit aux autorités municipales,
soit à des particuliers, qui soutiennent leurs
établissemens par leurs propres fonds ou par
leur industrie, et qui ne reçoivent de l'État
que la protection qu'il accorde aux travaux de
tous ses sujets. Dans l'autre, l'éducation et
l'instruction appartiennent à l'État, qui les dis-
tribue, les dirige, les surveille, et pourvoit à
leurs besoins, conformément à des lois spéciales.

Chez les peuples anciens, et en particulier
chez les Grecs, l'instruction était libre ; l'État
ne se mêlait ni de la donner, ni de la régler ;
les philosophes, les sophistes et les rhéteurs
enseignaient pour leur compte et à leurs ris-
ques et périls ; mais l'éducation proprement

dite était nationale, et gouvernée par l'État lui-même; le Gymnase était un établissement public, tandis que l'Académie et le Portique étaient des écoles libres. Ces peuples avaient pensé que le développement des caractères et des mœurs importait plus au public, et lui appartenait davantage que celui des esprits. C'est dans la nature de leurs institutions politiques et dans les étroites limites de leur territoire qu'il faut chercher les causes de cette opinion. Leur histoire montre clairement quels en ont été les effets.

Chez les peuples modernes, la marche des choses a été plus compliquée; les établissemens d'éducation et d'instruction se sont formés isolément et presque au hasard; leur indépendance n'a jamais été complète, leur dépendance n'a jamais été régulièrement établie; on ne peut pas dire qu'ils fussent absolument étrangers à l'État, et que leur liberté fût entière; cependant ils n'étaient ni soumis à une législation déterminée, ni placés sous la direction et sous la surveillance du gouvernement; ils existaient à divers titres, se soutenaient par divers moyens, et dépendaient d'influences diverses, souvent incertaines et confuses dans leur action, quoique fort différentes dans leur nature. C'est par le concours de l'autorité souveraine, de l'autorité ecclésiastique, des auto-

rités municipales et de l'industrie particulière
qu'ont subsisté et que subsistent encore, dans
plusieurs États de l'Europe, les universités, les
gymnases, les colléges et tous les établissemens
publics d'éducation.

. Là où existe un pareil état de choses, il est
absurde de le détruire au lieu de le régler; mais
là où il a été détruit, il est impossible de le
rétablir. On ne refait point par des lois ce qui
n'a pas été l'ouvrage des lois ; on ne ressuscite
point par une seule volonté ce qui a été l'œuvre lente et compliquée de tant de volontés
éparses, indépendantes et irrégulières : le
temps seul a le secret de ces créations bizarres,
nées au sein du désordre, fruit de l'action d'un
grand nombre de causes diverses dont l'ensemble est si complétement hors de la puissance
de l'homme, qu'à peine parvient-il à le comprendre et à l'expliquer. Ce n'était point un
chaos que nos anciennes universités, nos anciens colléges, nos congrégations, nos priviléges locaux, nos fondations particulières; ce
n'est point un chaos que cette multitude d'u-
niversités, de gymnases, d'écoles de tout
genre qui couvrent les États de l'Allemagne,
et qui sont alimentées par tant de sources spéciales, et régies par tant de juridictions, de lois
ou d'usages différens. Et cependant, quiconque

essaierait aujourd'hui d'établir tout cela au milieu de nous, n'enfanterait certainement que le
chaos.

Les causes n'existent plus; les effets même
ont été anéantis : nos regrets, bien ou mal fondés, seraient-ils donc un pouvoir magique ca-
pable de faire renaître ce que nous n'avons pu
sauver de la destruction?

Un gouvernement ne saurait procéder que
par des mesures générales et d'après des principes simples. L'esprit humain ne peut pas plus
prétendre à imiter les combinaisons du temps,
qu'à suppléer dans les siennes l'action de cette
invisible puissance.

Nous n'avons donc à choisir qu'entre les
deux systèmes généraux dont nous venons de
parler, entre la liberté absolue et l'autorité de
l'État, entre l'industrie particulière et les soins
de la sagesse publique.

Nous nous trompons étrangement, ou il résulte de tout ce que nous avons dit, que le système de la liberté absolue est impraticable et
serait funeste. Nous ne nous arrêterons pas
long-temps à le combattre; deux raisons nous
paraissent sans réplique. Les doctrines publiques ne sont encore ni assez saines ni assez
affermies, les lumières ne sont ni assez générales ni assez également réparties, pour que

l'État puisse sans danger abandonner, soit à des
autorités locales, plus ou moins indépendantes, soit à des particuliers, le soin d'élever
et d'instruire la jeunesse. 2°. Au sortir d'une
révolution comme la nôtre, il y a tant d'intérêts opposés, d'opinions divergentes et de
passions ennemies, que le gouvernement qui
les contient pour les concilier ou les étouffer,
doit nécessairement se charger de l'éducation
en commun des générations naissantes, afin
d'empêcher que ces causes de désunion et
de trouble ne se perpétuent en elles et par
elles.

Nous avons déjà parlé de la nécessité et de
l'empire des doctrines publiques. Dans les
temps calmes, lorsque le présent ressemble au
passé, lorsque les institutions, anciennes et
respectées, ont acquis sur les opinions et sur
les mœurs une influence étendue et profonde
que rien ne menace encore, le gouvernement
peut ne pas s'inquiéter des doctrines; elles sont
connues, générales et fortes; elles n'exigent
pas une surveillance habituelle, et n'ont pas
besoin d'appui. Mais quand survient une de ces
époques puissantes qui bouleversent et chan-
gent le monde moral plus complétement encore que le monde extérieur et visible; après
ces révolutions mémorables qui creusent entre

9

des générations presque contemporaines un abîme immense, et rejettent bien loin dans la nuit des temps un passé qui vient à peine de finir; les doctrines chancelantes, faibles et mal comprises, ont besoin que le gouvernement vienne à leur secours, les rectifie, les établisse, les soutienne et leur prête sa force pour profiter ensuite de la leur. Les esprits flottent au hasard entre les idées anciennes, désormais sans pouvoir, et les idées nouvelles, dont le pouvoir n'est encore ni réglé ni assuré; les mœurs vagues et agitées n'offrent aucun caractère stable ni général. Rien n'est convenu, tout est contesté dans les questions qui intéressent le plus l'ordre social; les opinions les plus contraires, les habitudes les plus diverses sont adoptées par des classes entières de citoyens. Partout se font sentir l'impuissance de ce qui a été et la faiblesse de ce qui commence à naître. Il faut un centre à tous ces élémens incohérens et dispersés; il faut qu'une autorité supérieure choisisse et adopte dans ces idées et dans ces mœurs encore si incertaines, ce qui doit et peut devenir le fondement de véritables doctrines publiques; il faut que les opinions vraiment nationales soient démêlées, concentrées, mises en évidence, et réduites en préceptes dans les écoles. Or, le gouvernement

peut seul réussir dans cette œuvre difficile;
l'intérêt de sa force et de sa stabilité lui ordonne de l'entreprendre; l'intérêt de l'État
exige qu'il en soit chargé. Une liberté illimitée
dans le système de l'éducation publique, ne
ferait qu'entretenir et accroître ce désordre;
c'est au gouvernement qu'appartient le droit et
qu'est imposé le devoir d'y mettre un terme en
en préservant les générations naissantes; et
de même qu'à de telles époques la nécessité
des choses place entre les mains du gouvernement une force légale suffisante pour prévenir,
dans l'ordre politique, le retour de révolutions
nouvelles, ainsi cette même nécessité l'appelle
à exercer sur l'ordre moral une influence que
les lois doivent régler afin qu'elle ne puisse
être que salutaire, mais que les lois ne peuvent
confier qu'à lui seul.

Si, après l'état des doctrines, on examine
l'état des lumières, des considérations du même
genre prescrivent le même système. Il n'est
personne qui ne soit frappé de l'inégalité avec
laquelle les connaissances sont réparties parmi
nous, et de la prodigieuse distance qui sépare à
cet égard les diverses parties du royaume. Cette
inégalité était plus grande encore avant la révolution, et ce n'a pas été une des moindres
causes de nos désordres. Et quand je parle des
connaissances, je ne parle pas seulement des

sciences positives, mais des lumières en général, de ce qui fait que tel peuple ou tel
homme a droit de passer pour un peuple ou
pour un homme éclairé. Ce n'est pas ici le lieu
de répondre à ceux qui regardent l'ignorance
des peuples comme un bien précieux que les
gouvernemens doivent soigneusement conserver; on nous permettra de supposer que les
établissemens d'instruction publique sont destinés à répandre l'instruction. Ce principe
convenu, on est forcé de reconnaître que,
dans l'état actuel de la France, il est tel département, telle ville, qui, non-seulement ne
trouveraient dans leur sein ni les ressources
ni les hommes nécessaires pour entretenir et
faire prospérer les établissemens de ce genre,
mais qui seraient hors d'état de se les procurer, si
le gouvernement ne prenait soin de les leur
fournir? sans l'intervention du gouvernement,
on verrait briller çà et là quelques grandes écoles,
mais toutes les autres seraient livrées à l'incapa-
cité et à l'apathie; là même où se rencontre-
raient de bons professeurs, leurs travaux seraient peu appréciés, et ils tomberaient dans
le découragement. Ainsi s'accroîtrait encore
cette inégale distribution de lumières dont les
inconvéniens sont tels qu'ils convertissent
quelquefois en dangers les avantages même
de la science: ainsi se perpétuerait cette in-

fériorité des provinces que la nature de nos
institutions actuelles, d'accord avec la justice
et la raison, nous commande de faire dispa-
raître. Qu'on place au contraire l'instruction
publique sous la garde de l'autorité souveraine; qu'on donne à tous les établissemens
d'instruction et aux hommes qui s'y vouent,
des rapports fréquens et réguliers avec une
administration supérieure et éclairée; que l'É-
cole normale forme, sous les yeux de cette
administration et au centre même des lumières, un certain nombre de maîtres qui, tous
les ans, aillent porter, dans les écoles des
départemens, les fruits de longues et hautes
études; alors les moyens d'instruction ne
manqueront pas là où les besoins se feront sentir; et l'on verra toutes les connaissances utiles
se répandre par degrés avec convenance; se
distribuer avec une égalité harmonieuse; leur
propagation marchera de concert avec celle
des bonnes doctrines; et l'influence légitime
du gouvernement s'étendra dans une propor-
tion correspondante.

Répétons enfin ce que nous avons déjà in-
diqué, que cette influence peut seule aujour-
d'hui prévenir l'établissement d'écoles ennemies, et empêcher que les enfans ne se divisent
comme se sont divisés les pères. Si ce n'est que

dans le sein et sous l'empire de la royauté cons-
titutionnelle que peuvent se fondre ou s'abîmer
les partis qui nous agitent encore; ce n'est également que dans des écoles publiques, instituées et dirigées par cette impartiale puissance,
que la jeunesse, élevée en commun, peut croî-
tre étrangère aux causes de nos discordes; là
seulement elle sera formée et instruite dans des
sentimens patriotiques et dans des opinions
modérées; là seulement elle apprendra à ne
connaître d'autres intérêts que ceux de l'État et
de son souverain. Aujourd'hui, il ne doit pas
plus être permis aux partis d'ouvrir librement
leurs écoles que de lever publiquement leurs
étendards. Cette interdiction leur sera plus
profitable qu'ils ne pensent; ce n'est pas avec
les principes de la révolte qu'on peut empêcher
maintenant le retour des anciens préjugés, et
ce n'est pas non plus avec les doctrines du despotisme qu'on peut étouffer à jamais les idées
séditieuses; il n'est pas donné à l'impiété de
de lutter victorieusement contre le fanatisme,
ni à la superstition de dompter l'impiété. L'esprit du siècle demande et fournit d'autres armes contre les périls qui pourraient nous me-
nacer encore; mais ces armes salutaires, le
gouvernement peut seul aujourd'hui s'en servir
avec succès; les partis en emploieraient d'au-

tres qui ne seraient efficaces que pour nuire.

Tout concourt donc à prouver que l'éducation et l'instruction publiques ne sauraient être livrées à des autorités indépendantes, ni à l'industrie particulière, et qu'elles doivent être placées sous l'autorité et sous la surveillance du gouvernement.

Cela posé, quel est le mode, soit d'administration, soit d'organisation intérieure qu'il convient de leur donner?

L'autorité souveraine peut diriger l'instruction publique de deux manières : 1º. par la voie et d'après les principes de l'administration générale et ordinaire; 2º. en la confiant à un grand corps formé d'après certaines règles et soumis à un gouvernement spécial.

Les établissemens d'instruction publique pourraient être placés immédiatement sous la main d'un ministre qui les dirigerait comme on dirige l'administration départementale et communale, en correspondant directement avec les chefs. Les hommes employés dans ces établissemens, administrateurs, professeurs et autres, seraient nommés et écartés comme sont nommés et écartés les préfets, les sous-préfets et les maires, soit par le Roi, soit par le ministre, soit par les autorités principales à

qui aurait été délégué ce pouvoir. Tel était à
peu près, sous le dernier gouvernement, le
mode d'administration de l'instruction publique, avant la fondation de l'Université.

Mais l'administration de l'instruction publique diffère essentiellement de toutes les autres,
quant aux choses et quant aux personnes. Les
choses comprennent, d'une part, la direction
économique et financière des établissemens,
objet de pure administration; d'autre part,
elles embrassent l'éducation morale et l'enseignement, ce qui en est, sans contredit, la por-
tion la plus importante. Or, comment concevoir que de telles matières puissent être gouvernées par la correspondance administrative
d'un ministre et de ses bureaux, qui, chargés
d'ailleurs de grandes affaires, ne pourront y
donner qu'une attention plus ou moins vague
et secondaire? L'administration générale, quels
que soient ses efforts, ne peut voir et juger
que les masses; elle n'entre dans les détails que
lorsque ces détails sont de nature, soit à être
décidés par des lois positives, soit à être ré-
duits en calculs. Mais ici il n'y a point de masses, point de lois positives, point de calculs;
peut-on soumettre la conduite et l'influence
morale des professeurs à des règles précises;

comme on détermine les fonctions et les attributions d'un sous-préfet ou d'un maire? Peut-
on assujétir les objets et les méthodes d'enseignement à des principes fixes et généraux,
comme les travaux d'un ingénieur ou d'un re-
ceveur des contributions? Non, sans doute;
tout ici est spécial et individuel; tout doit être
l'objet d'un examen et d'un jugement particuliers; les détails, comme l'ensemble, ne sauraient être appréciés ni réglés que d'après des
considérations morales; et un ministre peut
encore moins diriger l'éducation et l'enseignement dans les colléges, qu'il ne pourrait diriger les travaux d'une académie, si les travaux
d'une académie avaient besoin d'être dirigés.

Ce n'est que par des hommes choisis dans la
carrière même de l'instruction publique, formés dans les habitudes qui doivent y régner,
familiers et avec les connaissances qui en sont
l'objet, et avec les idées qui s'y rattachent,
voués, du moins en partie, à ce genre d'occupations, que de telles choses peuvent être convenablement administrées ou plutôt gouvernées, car le mot d'*administration* ne leur sied
guère. Eux seuls peuvent être des juges équi-
tables et éclairés de ces détails, à la fois si étendus, si particuliers et si indéfinissables, dont
se compose le mérite, soit de l'influence mo-

rale d'un professeur, soit de son enseignement; eux seuls peuvent consacrer à de tels jugemens assez de soin et d'attention pour les porter en pleine connaissance de cause; le temps et les lumières spéciales manqueraient également à un ministre, quelque habile qu'il fût d'ailleurs.

Passe-t-on des choses aux personnes? Les objections deviennent, s'il est possible, encore plus nombreuses et plus graves; il ne s'agit plus simplement de savoir si un administrateur remplit bien ou mal les fonctions qui lui sont confiées; il s'agit d'examiner et de connaître toute la conduite d'un homme, son caractère, son tour d'esprit; d'influer sur ses opinions, de l'étudier et de le diriger enfin, non-seulement comme fonctionnaire, mais comme homme, car l'homme n'est pas ici moins important que le fonctionnaire. Et ce n'est pas seulement sur les chefs principaux, c'est sur tous les professeurs, répétiteurs, maîtres d'études, etc., que doit s'étendre la surveillance, car ils exercent tous, sur l'enfance ou sur la jeunesse, une action immédiate. Cette surveillance cependant ne doit être ni apparente pour le public, ni gênante pour les hommes qui en sont l'objet; ces hommes ont surtout besoin d'indépendance et de considération; l'autorité qui les gouverne a peu d'or-

drés à leur donner ; ils ne sont point les exécuteurs de ses volontés : elle se déploie plutôt
par une sorte d'influence générale et habituelle, que par une intervention fréquente et
déterminée ; elle ne peut réussir qu'en inspi-
rant à ses nombreux sujets un même esprit,
une tendance commune, en fortifiant et nour-
rissant dans leur âme le sentiment de leurs
devoirs et le goût de leur état ; car, il ne faut
pas s'y tromper, c'est bien moins une fonc-
tion qu'elle leur confère qu'un état qu'ils embrassent, et dans lequel elle les conseille, les
soutient et les dirige. Ce n'est même qu'en faisant de la carrière de l'instruction publique un
état, qu'on peut espérer, de ceux qui s'y vouent,
ce zèle et cette assiduité qu'exigent des occupations si pénibles et si obscures ; pense-t-on
qu'une autorité étrangère à leurs intérêts particuliers, qui n'aurait avec eux d'autres rapports que ceux du pouvoir, pût leur inspirer
assez de confiance pour obtenir d'eux un tel
dévouement ? Nous l'avons dit en parlant de
l'Université ; c'est sur l'union des supérieurs et
des inférieurs, c'est sur une sorte d'égalité morale, sur une certaine communauté d'habitudes et de travaux, que doit être fondé un tel
gouvernement ; sans cela il n'aurait point de
force et les gouvernés n'auraient point d'ardeur.

Et que deviendront l'émulation et la sécurité, lorsque les hommes voués à l'enseignement, sans liens, soit entre eux, soit avec
leurs chefs, seront placés et déplacés, je ne
dis pas au gré des désirs d'un commis ou des
caprices d'un ministre (j'écarte toute supposi-
tion fâcheuse), mais sans formalités, sans égards
pour leur convenance ou leur intérêt, uniquement d'après les vues et dans l'intérêt de l'administration ? C'est cependant ce qui arriverait
inévitablement, si l'instruction publique était
ainsi gouvernée ; un professeur ne sera jamais
un personnage assez important aux yeux d'un
ministre, pour que son sort ne soit pas décidé
avec un peu de légèreté ; et cependant la légèreté serait encore plus funeste ici qu'ailleurs,
car, ici surtout, elle serait nuisible et offen-
sante pour l'individu. Le ministre, dira-t-on,
s'entourera d'hommes éclairés, choisis dans les
sciences et dans les lettres, qui inspecteront
les écoles, et sur le rapport desquels il placera
ou déplacera les professeurs ; mais ignore-t-on
que la considération et le crédit d'une autorité
dépendent de son pouvoir ? Ces inspecteurs,
quelque confiance que le ministre leur accorde,
ne seront point, ne paraîtront point l'autorité
réelle et définitive qui gouverne les établissemens et les hommes ; cette autorité définitive

sera toujours une autorité indifférente, dis-
traite, étrangère, à laquelle on essaiera d'arriver par ses bureaux ou par d'autres voies, comme par les inspecteurs, et qui ne pourra inspirer ni émulation, ni sécurité. Un tel ordre de
choses n'offrira ni assez de garanties au public
sur le choix des hommes appelés aux fonctions
de l'enseignement, ni assez de garanties aux
professeurs et aux maîtres sur leurs intérêts et
leurs destinées.

Nous sommes donc conduits, par la nature
même des choses, à écarter ce mode d'administration de l'instruction publique; et les considérations qui nous y déterminent nous amènent en même temps à penser que la création
d'un grand corps, soumis à un gouvernement
spécial et puisé dans son sein, est la solution la
plus convenable de cette grande question.

Nous avons exposé les principes de la constitution universitaire; nous avons montré comment on pouvait obtenir ainsi tous les avantages de l'esprit de corps en en évitant les inconvéniens; nous avons vu l'union et l'émulation
naissant de la communauté des intérêts et des
travaux; nous avons reconnu la nécessité d'élever, aux yeux du public et à leurs propres
yeux, par l'importance du corps auquel ils ap-

partiennent, des hommes dont les occupations,
bien que d'une nature élevée, sont cependant
sans éclat, et qui ont besoin de trouver, dans la
dignité de leur existence morale, ces satisfac-
tions qu'ils ne reçoivent ni de la fortune, ni de
l'exercice du pouvoir. Ce sont là les motifs qui
légitiment, qui commandent la formation d'un
corps enseignant, comme l'unique moyen par
lequel on puisse aujourd'hui donner à l'instruction publique cette régularité, cette stabilité,
cette activité, cette confiance sans lesquelles
les hommes qui s'y vouent, isolés et découra-
gés, ne procureraient point à l'État les avantages qu'il a droit d'attendre de leurs travaux.
Nous n'insisterons pas plus long-temps sur le
développement de ces motifs. La nécessité de
la formation d'un corps enseignant une fois ad-
mise, deux questions se présentent : Comment un tel corps peut-il être constitué? comment doit-il être gouverné?

Un corps n'est point constitué par la simple
déclaration qu'une certaine classe d'hommes
formera un corps; pour assurer au corps en
général une consistance et une puissance réelles,
pour inspirer à ses membres les sentimens d'é-
nergie, de sécurité, et d'honneur qui doivent
les animer, certaines conditions sont impé-

rieusement requises; et, si l'on n'y satisfait, on n'obtiendra qu'une institution sans vie, incapable d'atteindre à son but.

Quant au corps en général, la première de ces conditions est un certain degré d'indépendance extérieure qui, en fondant sa dignité, fonde en même temps sa force et son crédit. Nous n'entendons point par là une indépendance qui isole le corps de l'État, et qui lui assure une existence et des ressources étrangères à l'autorité souveraine ; nous sommes profondément convaincus que de tels corps sont dangereux, et tendent constamment à dégénérer. Nous voulons, au contraire, que le Corps enseignant appartienne à l'État, soit alimenté par l'État, et reçoive de l'autorité royale l'impulsion et la direction ; nous demandons seulement que cette dépendance nécessaire soit noble et élevée ; nous demandons que, lorsque l'autorité supérieure aura assuré et réglé son empire, des autorités inférieures, étrangères au corps lui-même, ne viennent pas troubler sa marche et altérer sa dignité par une intervention peu convenable, et inutile. Le corps entier doit dépendre du Roi ; ses membres, en cette qualité, ne doivent dépendre que du corps lui-même et de son gouvernement particulier. Ainsi se resserre et se cimente l'u-

nion; ainsi s'obtiennent, au dehors le respect;
au dedans la soumission et le zèle.

Ce sont les liens du Corps enseignant avec l'É-
tat qu'il importe d'établir et de fortifier; cela fait,
l'indépendance dont nous parlons est sans péril.

Une seconde condition non moins nécessaire à l'existence du Corps enseignant, c'est
qu'on n'introduise dans son sein point d'élémens étrangers et discordans, soumis à une
autorité différente, et animés par d'autres intérêts. En vain se flatterait-on d'assujétir ces élémens aux lois et à la juridiction du corps auquel on essayerait de les aggréger; la tentative
serait vaine; si ces aggrégations étaient nombreuses et fortes, elles se joueraient de la puissance à laquelle on aurait prétendu les soumettre; si elles étaient faibles, elles se fon-
draient bientôt dans la corporation générale,
ou elles prendraient le parti de s'en retirer.
Cependant, leur présence seule, la diversité de
leur esprit, les priviléges qu'elles affecte-
raient, ou les réglemens spéciaux qu'elles
voudraient conserver, troubleraient l'économie du Corps enseignant; en relâche-
raient les liens, et affaibliraient peut-être
la confiance et l'ardeur de ses membres natu-
rels. L'ancienne Université de Paris prévit
tous ces dangers, lorsque les ordres des Domi-

nicains et des Franciscains demandèrent à lui
être affiliés ; elle résista long-temps, et sa résistance était sage ; car cette affiliation, emportée
enfin par l'autorité des papes, lui fit perdre
beaucoup en consistance et en vigueur. La
formation d'un Corps enseignant est nécessaire
ou inutile ; si elle est nécessaire, il ne faut pas
y déposer d'avance des germes de désordre et
de faiblesse ; il ne faut pas dire que telle ou
telle institution pourra tenir à ce corps sans
lui appartenir. A quoi bon cette prévoyance ?
Si le temps exige et amène ces institutions particulières, il saura bien les fonder ; si, au contraire, le temps ne les amène point, vous ne
faites, en les prévoyant, en leur marquant
d'avance leur place, qu'ébranler et énerver, dès
son berceau, l'institution que vous créez.

Enfin, une troisième condition qui nous
paraît également indispensable, c'est que le
Corps enseignant forme lui-même ses membres, et se recrute par ses propres soins ; tel est
le but de l'École normale. Nous avons montré,
en parlant de l'Université, comment cela pouvait avoir lieu, sans que le Corps enseignant,
en possession d'un privilége exclusif et affranchi
de toute concurrence, demeurât livré aux préjugés, à la routine, et étranger au progrès
des connaissances humaines. Qu'on n'oublie

10

jamais que les facultés, où se donne l'enseignement supérieur, sont accessibles à tous; que les
chaires y sont obtenues par un concours public
et libre; que ces facultés, ainsi formées, exercent
une grande influence sur l'esprit des hommes destinés à professer dans les colléges; qu'ainsi on
ne peut craindre ni le privilége exclusif, ni le
défaut de concurrence, ni leurs inconvéniens.
Maintenant, nous demanderons si un corps
qui n'aurait pas, pour se recruter, des moyens
intérieurs et réguliers, qui serait contraint à
recevoir du dehors ses nouveaux membres, qui
ne pourrait se les approprier avant de les adop-
ter, qui n'aurait le temps ni de les étudier, ni
de les pénétrer de son esprit, ni de les former
pour les fonctions auxquelles il les jugerait le
plus propres, serait un corps véritablement
lié et constitué? Nous ne le pensons pas; c'est
surtout à leurs Écoles normales que les congrégations religieuses ont dû leurs succès; il ne
suffit pas d'entrer dans un corps pour s'y incor-
porer; il faut, au contraire, n'en devenir
membre actif que lorsqu'on en fait déjà réellement partie. Il en est des corps comme des
familles; le fils adoptif, si son adoption a été
brusque et tardive, n'est jamais leur enfant.

Après avoir exposé à quelles conditions nous
semble attachée la constitution du Corps en-

seignant en général, examinons quel doit être
l'état de ses membres; cette organisation intérieure n'est pas moins importante que les relations extérieures du corps lui-même, soit avec
l'autorité souveraine, soit avec le public.

Tout membre d'un corps doit, en y entrant,
contracter des obligations légales et acquérir
des droits légaux : sur ces obligations et sur
ces droits reposent la consistance et l'énergie
du corps; il faut un attrait et un lien pour en
unir les élémens. Si les obligations des membres du corps enseignant n'étaient pas déterminées et connues, ils y entreraient au hasard,
en sortiraient à leur fantaisie, et, même en y
demeurant, ils n'y vivraient pas sous l'empire
salutaire d'un engagement libre sans doute,
mais assujéti, pour sa dissolution, à certaines
formalités et à certaines peines. D'autre part,
si leurs droits n'étaient pas établis et réglés,
une inquiétude secrète les agiterait à leur entrée dans le corps, les suivrait dans l'exercice
de leurs fonctions, et ne leur permettrait pas
de s'y livrer avec cette confiance, avec cette
tranquillité d'esprit, principe d'émulation et
de zèle. Il faut imposer des devoirs à des hommes à qui l'on donne un état; l'homme s'attache
par ses devoirs plus fortement encore que par
ses intérêts; mais il faut aussi reconnaître des

droits à ceux à qui l'on impose des devoirs;
car les droits et les devoirs naissent les uns des
autres et se fortifient réciproquement.

D'ailleurs, le Corps enseignant, se chargeant
de former et d'entretenir, dans l'École normale, les maîtres qui veulent s'associer à lui,
et s'engageant à leur assurer un état tant qu'ils
continueront de lui appartenir, il est juste que
l'engagement soit réciproque, et que le Corps
enseignant recueille le fruit de ses avances et
de ses soins.

De cet engagement réciproque et de la nature même de tout corps constitué, résulte
nécessairement une certaine juridiction du
corps sur ses membres, c'est-à-dire le droit de
requérir leur obéissance dans les limites de
leurs obligations, et d'infliger des peines en
cas d'insubordination ou de délit. Les peines,
comme les droits, accompagnent les devoirs.
Cette discipline intérieure doit être légale et
assujétie à des formes déterminées. C'est au législateur à fixer quelles en seront l'étendue, les
applications, les conséquences; mais, quelle
qu'elle soit, il faut qu'elle existe, car, sans
elle, tout serait vain. La constitution d'un
corps ressemble plus qu'on ne pense à l'organisation des sociétés politiques.

Ainsi des obligations, des droits et des

peines, prévus et réglés par les lois, tels sont
les liens qui doivent et peuvent unir les membres du Corps enseignant au corps lui-même.
Le législateur prendra soin de concilier leur
existence spéciale avec leur existence politique
et civile; il ne faut pas qu'en devenant membres du Corps enseignant, ils cessent d'être
citoyens. Mais cette conciliation est facile; elle
dépend de la nature et de l'étendue des obligations qu'ils contracteront, des droits qu'ils ac-
querront, des peines qu'ils pourront encourir.

Le Corps enseignant ainsi constitué, et il
ne peut l'être qu'à de telles conditions, se présente la seconde question que nous avons posée : comment doit-il être gouverné ?

Nous rencontrons ici deux grands intérêts
à consulter et à concilier, l'intérêt du souverain et celui du Corps enseignant lui-même.
C'est à ces deux intérêts que doit convenir et
satisfaire le gouvernement de ce corps.

On peut le dire aujourd'hui, sans crainte
d'offenser ni d'inquiéter un Roi qui a donné
tant de marques de l'élévation et de la géné-
rosité de ses vues, l'intérêt du Souverain et
celui de l'État se confondent; ils sont la règle
et la mesure l'un de l'autre. Et certes l'étendue et l'énergie de l'autorité royale sont assez
nécessaires au salut de la France, pour qu'un

tel principe ne cause aucune alarme à ses plus
jaloux défenseurs. Cette autorité doit être
grande et forte en matière d'instruction publique comme ailleurs; quand nous avons soutenu que l'instruction publique devait appartenir à l'État, nous avons demandé que sa
direction et sa surveillance fussent placées
entre les mains du Roi, et du Roi seul.

Comment l'autorité royale s'exercera-t-elle?
Nous avons prouvé que ce ne pouvait être par
la voie de l'administration ordinaire, et qu'il
fallait à l'instruction publique un gouvernement spécial; quelle sera la forme de ce gouvernement? Le Roi confiera-t-il son pouvoir
à un seul homme, assisté d'un conseil, ou à
un conseil dirigé par un président?

Telle est la principale ou plutôt l'unique
question qu'il importe de résoudre.

Nous avons déjà remarqué, dans la constitution du gouvernement universitaire, l'empreinte de la politique de Buonaparte, qui prenait soin d'organiser au-dessous de lui une
multitude de despotismes spéciaux, afin qu'il
n'y eût de force que pour l'exécution de ses
volontés, et d'énergie que pour l'obéissance.
Ainsi, dans l'Université, et bien qu'il y eût un
conseil, le pouvoir ne résidait, à vrai dire,
que dans le grand-maître et dans les inspec-

teurs généraux qu'on pouvait appeler ses ministres.

Maintenant, il n'est pas plus dans l'intérêt du Roi que dans celui de la France, il n'est plus possible, d'après la nature de nos institutions actuelles, que le pouvoir soit ainsi concentré, étranger à toute délibération, affranchi de toute contradiction, et conserve ces formes despotiques et arbitraires dont les inconvéniens se seraient fait plus douloureusement sentir dans l'Université, si la sagesse et le caractère de l'homme à qui cette autorité était confiée, n'en eussent atténué le poids.

Qu'exige l'intérêt du Roi? il ne demande plus qu'on prépare, dans nos écoles, les instrumens de projets ambitieux et bizarres; il ne prétend plus asservir et modeler violemment les générations naissantes; il ne craint plus ni une sage liberté, ni le développement naturel des esprits et des caractères. Ce qui lui importe, c'est que les lois relatives à l'instruction publique soient partout maintenues et observées, que l'éducation soit partout religieuse et morale, que les sciences et les lettres prospèrent, enfin que l'autorité royale s'affermisse par les doctrines inculquées à la jeunesse, et trouve, dans leur influence, des garanties efficaces contre l'effervescence des têtes et le désordre des mœurs.

Un intérêt si pur et si noble, est en même
temps l'intérêt national. Il n'y a rien là qui
exige que l'instruction publique soit gouvernée
avec des formes despotiques et peu rassurantes
pour les hommes soumis à l'autorité qui doit
la régir.

On peut donc examiner librement quel est
le système de gouvernement qui convient au
Corps enseignant lui-même, car rien n'em-
pêche qu'on n'ait égard à ses convenances et à
ses intérêts.

Nous le répétons encore, parce que c'est ici
une de ces vérités fondamentales auxquelles
on est ramené de toutes parts; les membres de
ce corps ont besoin de se sentir honorés et
libres. Toute forme de gouvernement qui place
les subordonnés à une grande distance de l'autorité supérieure, qui porte une atteinte profonde à cette égalité morale, source de leur
zèle et de leur union, est ici mauvaise en soi
et nuisible dans ses effets. Le gouvernement
du Corps enseignant doit inspirer à ses sujets
plus de confiance que de réserve, plus de respect que d'embarras et de timidité; on ne vient
chercher auprès de lui ni les plaisirs de l'éclat
ni les succès de la faveur; on ne lui demande
que d'honorer les hommes instruits et laborieux qui vivent sous ses lois, de les encourager par son estime, d'ennoblir à leurs propres

yeux leurs utiles travaux, et de leur donner,
par la maturité de ses délibérations, par l'importance attachée à tout ce qui les concerne,
la légitime assurance que leurs intérêts ne seront jamais ni traités légèrement, ni oubliés,
ni méconnus. Or, c'est là ce qu'on ne saurait
obtenir complétement, si le gouvernement de
l'instruction publique était confié à un seul
homme ; on serait presque inévitablement con-
duit, par l'élévation de ses fonctions et l'étendue de son pouvoir, à le choisir hors des sciences,
des lettres et de l'enseignement ; ou du moins,
dès qu'il serait en place, il y deviendrait à peu
près étranger. La hauteur de son rang gênerait
et intimiderait souvent ses modestes sujets; ses
décisions paraîtraient souvent, seraient quelquefois légères et arbitraires ; l'intrigue se glis-
serait auprès de lui, quels que fussent ses efforts
pour s'en défendre; et, avec l'intrigue, arrive-
raient tous les inconvéniens qui marchent à sa
suite; inconvéniens d'autant plus funestes, que
les hommes qui auraient à la craindre, seraient
peu en état de lutter contre elle. Tout tendrait
enfin à éloigner les subordonnés du supérieur,
à diminuer les garanties, soit réelles, soit morales, qui doivent protéger leurs intérêts et leurs
destinées, et à affaiblir ainsi le zèle, les sentimens
de dignité personnelle, la sécurité et la confiance.

Il est donc utile, disons plus, il est nécessaire que le gouvernement de l'instruction publique réside, non dans un chef unique, mais
dans un conseil, et que ce conseil soit composé,
du moins en grande partie, d'hommes choisis
dans le sein même du corps qu'ils seront, appelés à diriger. Un conseil sera nécessairement
plus rapproché des membres du Corps enseignant; il vivra avec eux dans une sorte de
communauté plus intime ; cette intimité ne
nuira point à la dignité, car la dignité qui résulte d'un bon usage du pouvoir, est plus puis-
sante et plus sûre que celle qui naît de l'élévation exclusive et de la pompe ; faut-il donc,
d'ailleurs, que la dignité personnelle du sujet
soit effacée et anéantie par la dignité emprun-
tée du chef? La maturité des délibérations
d'un conseil assurera l'équité de ses décisions,
et leur prêtera plus d'autorité; l'intrigue et la
surprise auront moins d'accès auprès d'une
réunion d'hommes graves, dont chacun ne
pourra guère faire prévaloir son opinion que
par la force de la raison; appelé à gouverner
en même temps les personnes et les choses,
le conseil sera éclairé sur les unes par les autres, et ne rendra point au hasard des règlemens généraux, dont il connaîtra les effets
dans l'application. Enfin, la bonté de l'admi-

nistration et la satisfaction des administrés seront garanties en même temps par un mode
de gouvernement solennel sans éclat, impo-
sant sans faste, et aussi bien défendu contre la
précipitation, l'ignorance et l'arbitraire, que
peuvent l'être les institutions humaines.

Et qu'on ne craigne pas qu'un tel gouvernement manque de force; il en aura plus, au
contraire, que n'en aurait aujourd'hui un
seul homme, quels que fussent son caractère
et son pouvoir. Le despotisme et la violence
peuvent seuls prêter à leurs agens isolés cette
énergie irrésistible, qui dompte toutes les ré-
sistances et renverse tous les obstacles. Mais,
sous le règne des lois, rien ne saurait assurer
aux dépositaires du pouvoir une force semblable; heureusement, elle n'est point nécessaire. Maintenant un conseil aura beaucoup
moins à craindre les intrigues, les déla-
tions, et les attaques de l'esprit de parti,
qui saura moins bien où diriger ses coups. Les
membres même du conseil, appuyés l'un sur
l'autre, et rassurés par la division d'une res-
ponsabilité commune, redouteront moins de
se compromettre en s'acquittant de leurs devoirs, et seront moins souvent obligés de re-
courir à l'appui de l'autorité souveraine, qui

ne doit pas être sans cesse appelée à soutenir et
à défendre ses agens.

Enfin, l'autorité du Roi, à qui appartiendra
non-seulement la nomination des membres du
conseil supérieur, mais encore celle des principaux fonctionnaires de l'instruction publique
dans les départemens, qui conservera nécessairement le droit de réviser et de changer
leurs actes, sera pleinement assurée et fa-
cilement exercée, sans s'abîmer dans les
détails, et sans que la dignité du Corps
enseignant soit jamais inutilement compro-
mise. Ainsi, l'instruction publique appartiendra réellement au Roi et à l'État, sera
véritablement sous la direction de l'autorité
souveraine; et cependant, la France aura un
corps enseignant libre, fort, honoré, et qui
s'acquittera d'autant mieux de tous ses devoirs,
que tous ses membres trouveront plus sûrement, dans leur situation, des moyens de considération, un principe d'émulation et de zèle,
des garanties de tranquillité et de légitimes
motifs d'espérance.

Telles sont, à mon avis, les idées principales sur lesquelles doivent reposer la constitution du Corps enseignant et l'organisation de
son gouvernement intérieur. Je pourrais les

développer et les suivre dans leurs conséquences ; mais j'aime mieux me borner aux principes : ce sont les principes surtout qu'il importe
de mettre en lumière ; s'ils sont adoptés , les
conséquences arrivent naturellement, et sans
qu'on ait pris soin de les indiquer d'avance ;
s'ils sont rejetés , que sert d'avoir extrait de
leur sein tout ce qu'ils contenaient?

Du reste, la matière est belle et le travail
facile. Grâces à la sagesse du Roi, l'Université
n'a pas cessé d'exister ; elle est là, toute prête
à recevoir les modifications qu'on voudra lui
faire subir, et fort disposée, sans doute , à dé-
pouiller les derniers restes de son origine pour
sortir de cette épreuve, pure, complète, et digne de joindre à son nom l'épithète de *royale.*

FIN.

TABLE
DES CHAPITRES.

FIN DE LA TABLE.

www.ingramcontent.com/pod-product-compliance
Lightning Source LLC
Chambersburg PA
CBHW050002100426
42739CB00011B/2480